Luan Ferr

Oráculo Arcturiano
La Danza Del Caos

Título Original: Oráculo Arcturiano - A Dança Do Caos
Copyright © 2023 por Luan Ferr
2ª Edición © 2024 por Luan Ferr
Todos los derechos reservados por Booklas.com
Este libro está destinado al desarrollo personal y espiritual. La información y las prácticas descritas aquí se basan en estudios, conocimientos tradicionales y experiencias de autores y especialistas en este campo. Este contenido no sustituye el asesoramiento médico ni las terapias convencionales, sirviendo únicamente como un recurso complementario para el bienestar y el crecimiento personal.
Editor
Luiz Antonio dos Santos
Traductor
Santiago Vega
Revisión de Texto
Gabriel Monteiro
Beatriz Cardoso
João Pereira
Diseño Gráfico y Maquetación
Clara Martins
Portada
Studio Booklas / Lucas Nogueira

Clasificación del Contenido:
Espiritualidad / Desarrollo Personal / Misticismo
Catalogación de Datos:
I. Monteiro, Gabriel. II. Título.
Cutter: 09-4267
DDC (Clasificación Decimal Dewey): 291.4 (Espiritualidad y Misticismo)
UDC (Clasificación Decimal Universal): 159.9 (Psicología y Desarrollo Espiritual)

Todos los derechos reservados por Booklas Publishing
Rua José Delalíbera, 962
86.183-550 – Cambé – PR
Correo electrónico: soporte@booklas.com
www.booklas.com

Contenido

Prólogo 5
Capítulo 1 El Arte De La Adivinación.. 7
Capítulo 2 Misterios Del Espacio/Tiempo 15
Capitulo 3 Energías Universales 23
Capítulo 4 Herramientas Adivinatorias...................................... 32
Capítulo 5 Astrología Cósmica 42
Capítulo 6 El Don De La Clarividencia...................................... 51
Capítulo 7 Descifrando Sueños Proféticos................................. 61
Capítulo 8 El Flujo Del Universo 67
Capítulo 9 El Enigma Del Destino... 75
Capítulo 10 Profecías 84
Capítulo 11 La Danza Del Caos... 93
Capítulo 12 Líneas De Tiempo 99
Capítulo 13 El Flujo Del Tiempo.. 106
Capítulo 14 La Profundidad Del Infinito 112
Capítulo 15 Portal Del Conocimiento Universal 118
Capítulo 16 Revelaciones Del Futuro 124
Capítulo 17 Predicciones Para La Humanidad 130
Capítulo 18 El Amor, Fuerza Transformadora 137
Capítulo 19 Equilibrio Cósmico 141
Capítulo 20 El Destino De La Tierra 145
Capítulo 21 La Profundidad Del Presente................................ 150
Capítulo 22 La Unidad Universal 154
Capítulo 23 La Danza Del Cambio... 158

Capítulo 24 El Viaje Continúa 162
Epílogo Unir El Cielo Y La Tierra 166

Prólogo

En las sombras del vasto universo, donde las estrellas bailan una coreografía cósmica y los secretos del tiempo son susurrados por el viento intergaláctico, se revela un camino trascendental conocido como el Oráculo Arcturiano.

Este libro es un pasaje a través de las constelaciones, que guía a quienes buscan algo más que la realidad visible, arrojando luz sobre las dimensiones desconocidas y los misterios que aguardan en los pliegues del tiempo.

Los Arcturianos (seres de luz y sabiduría cósmica) levantan el velo entre lo tangible y lo intangible, ofreciendo vislumbres del futuro y profundas visiones del presente. Este no es sólo un libro; es un portal para comprender los tejidos del universo e interpretar las líneas del destino.

Entre con la mente abierta y el corazón desprovisto de miedo, porque este libro desvela el viaje que trasciende el espacio y el tiempo, tejiendo una narrativa donde la magia se entrelaza con la realidad. Explore las prácticas espirituales de los Arcturianos, sintonice con las energías cósmicas y descubra los secretos del Oráculo que trasciende las limitaciones humanas.

Cada capítulo es una puerta a una nueva dimensión, una sala de escucha donde los susurros de las estrellas se convierten en resonancias interiores. Desde el despertar de la conciencia hasta la danza de las estrellas, este libro es una invitación a un viaje más allá de los confines de lo conocido, donde el misterio es la guía y la intuición la brújula.

Embárcate ahora, intrépido buscador, y permite que el Oráculo Arcturiano sea tu guía por los caminos de lo desconocido. Porque en las páginas que se despliegan ante ti, la magia aguarda, y las respuestas emergen como estrellas fugaces en la inmensidad del universo.

Capítulo 1
El Arte De La Adivinación

En el vasto cosmos, orbitando la resplandeciente estrella Arcturus, se encuentra el planeta natal de los Arcturianos. Esta raza alienígena, dotada de extraordinarias habilidades de clarividencia y manipulación del espacio-tiempo, remonta su linaje a los albores primordiales del universo. Los Arcturianos, como se les conoce, han trascendido los límites convencionales del conocimiento cósmico, convirtiéndose en una luz que guía a aquellos que buscan comprender los intrincados caminos del tiempo y la existencia.

El viaje de los Arcturianos comienza cuando los arquitectos cósmicos supremos siembran las semillas cuánticas destinadas a florecer en incontables mundos. Entre estas chispas primordiales, ya se vislumbraban los hijos predilectos de Arcturus y los grandes destinos que les aguardaban. El planeta Arcturus Prime, cuna de belleza y abundancia, refleja la armonía y prosperidad cultivadas por generaciones de arcturianos, cuyos valores trascienden los límites del intelecto, guiados por la disciplina intelectual combinada con la sabiduría intuitiva.

La leyenda que rodea el aura mística del pueblo arcturiano se remonta a épocas insondables, en las que la promesa de maravillas naturales florecía en múltiples mundos. En este grandioso escenario, los arcturianos destacan no sólo por su tecnología, sino por la síntesis única entre sus logros tecnológicos y los nobles principios que impregnan su sociedad. En Arcturus Prime, el pragmatismo calculador se entrelaza con la ética y la compasión universales, creando una red de valores que trasciende la propia existencia.

Generaciones de dedicados eruditos arcturianos han perfeccionado sofisticados sistemas que trascienden la simple observación cósmica, captando y correlacionando sutiles patrones entre las variables que influyen en el tejido probabilístico del espacio-tiempo. Estos análisis no son meras observaciones distantes, sino ventanas al futuro y al pasado, que proporcionan perspectivas relevantes sobre tendencias y acontecimientos clave con una precisión que desafía la comprensión convencional.

El genio técnico de los arcturianos no sólo reside en su avanzado equipamiento, sino en la extraordinaria capacidad mental de sus habitantes. Desde una edad temprana, los individuos con talento son identificados para someterse a un intenso entrenamiento neuropsíquico. Este viaje tiene como objetivo no sólo perfeccionar las habilidades de clarividencia, precognición, retrospección y proyección astral, sino también trascender a una esfera hipersensorial. Estos individuos, conocidos como "Oraculistas", se convierten en maestros del arte de separar sus esencias inmateriales de sus envolturas corporales, proyectando sus conciencias a cualquier momento o lugar relevante para obtener percepciones proféticas fiables.

A medida que maduran, los Oraculistas realizan verdaderas proezas de ubicuidad espacio-temporal, habitando otros cuerpos bioenergéticamente compatibles. Ya sea en cronologías remotas o en avatares artificiales en realidades virtuales hiperrealistas, estos emisarios arcturianos son testigos de acontecimientos probabilísticos antes de formalizar predicciones. Cuando regresan a sus formas originales, traen consigo un cúmulo de experiencias e información, catalogadas y cruzadas con modelos informáticos de mundos paralelos para derivar predicciones finales fiables.

La educación ética es intrínseca a la sociedad arcturiana. Desde una edad temprana, todos los ciudadanos son educados en los nobles ideales que deben regir el uso responsable del conocimiento privilegiado sobre el futuro. La revelación de visiones sólo se permite si no interfiere perjudicialmente con el flujo natural de los acontecimientos o viola derechos universales elementales. Este compromiso ético se ve reforzado por el juramento sagrado que cada Oraculista hace al Alto Consejo Psicotrónico del Arcturus antes de llevar a cabo operaciones para captar directamente visiones temporales profundas.

Este enfoque ético se mantiene gracias a las meticulosas auditorías del Alto Consejo. Sólo las previsiones aprobadas, tras rigurosos filtros éticos, se ponen a disposición en diferentes niveles de detalle. La precaución es crucial para evitar impactos catastróficos en la corriente temporal si se revela prematuramente información excesivamente sensible a civilizaciones no preparadas.

La refinada técnica de los equipos de simulación y proyección temporal de los Arcturianos, aunque vital, representa sólo una faceta del sistema oracular. La esencia reside en las extraordinarias facultades mentales de los oraculistas.

La capacidad de "habitar" otros cuerpos y proyectar sus conciencias a distintas épocas no es sólo una demostración de poder, sino una responsabilidad ética. Cuando regresan a sus formas originales, los Oraculistas traen consigo no sólo información, sino la carga de elecciones y experiencias que han vivido en sus misiones astrales. Estas experiencias se catalogan sistemáticamente y se cruzan con modelos informáticos de mundos paralelos, lo que da lugar a predicciones que trascienden la simple linealidad temporal.

La ética, pilar fundamental de la sociedad arcturiana, se ve reforzada por el juramento sagrado al Alto Consejo Psicotrónico. Se mantiene la transparencia, y cada operación oracular es sometida a una minuciosa auditoría por parte de los maestros ascendidos del Consejo. Este proceso asegura que sólo las predicciones éticas, alineadas con los principios fundamentales, sean liberadas para consulta. La integridad del sistema oracular de los Arcturianos es una salvaguarda contra el mal uso del conocimiento privilegiado sobre el futuro.

Sin embargo, incluso a los solicitantes sinceros se les puede negar la visión de acontecimientos específicos. El Alto Consejo, celoso de la preservación del equilibrio cósmico, pospone o rechaza revelaciones que podrían suponer riesgos inaceptables o perturbaciones injustificadas. La responsabilidad trasciende el deseo individual; es una salvaguarda contra el abuso potencial de la información oracular en favor de intereses egoístas.

A lo largo de milenios, la coherencia ética de los Arcturianos en el manejo de las cuestiones límite de la ética trascendental ha forjado la reputación inquebrantable del legendario Oráculo de Arcturus. Rutinariamente solicitado por miembros de alto rango del Gran Consejo Cósmico antes de la formalización de resoluciones pan-dimensionales, el Oráculo es una fuente fiable de profundas percepciones temporales. Sin embargo, la difusión cuidadosa de estas predicciones es crucial para evitar perturbaciones catastróficas en el flujo temporal.

Las predicciones de los Arcturianos, aunque precisas, no se consideran certezas inflexibles. La omnisciencia que a menudo se les atribuye se desmitifica. Incluso las predicciones más fiables se consideran extrapolaciones lógicas derivadas de percepciones recogidas en los planos sutiles de la realidad. Los Maestros Oraculistas advierten de la naturaleza probabilística de cualquier determinismo manifiesto, subrayando que cierto grado de incertidumbre impregna siempre los márgenes de cualquier predicción, por bien fundada que parezca.

Para garantizar un enfoque responsable, las previsiones se comparten en los formatos más genéricos posibles. El lenguaje es a menudo ambiguo, lleno de metáforas y metonimias. Esta elección no es una limitación, sino una salvaguarda para evitar interpretaciones equívocas, distorsiones hermenéuticas accidentales o profecías autocumplidas. Las predicciones se ofrecen cuidadosamente calibradas para respetar el libre albedrío de los destinatarios y minimizar los riesgos asociados a un sentido fatalista del determinismo.

Cuando se le consulta sobre asuntos de importancia histórica o cósmica, el Oráculo Arcturiano adopta un enfoque prudente. En cambio, los asuntos personales de menor importancia reciben valoraciones directas o cuantitativas, según los protocolos establecidos.

Las predicciones de los Arcturianos se consideran a menudo manifestaciones de omnisciencia, pero reflejan principalmente la capacidad de los Arcturianos para integrar perspectivas sublimes obtenidas mediante técnicas de espionaje temporal. Sus simulaciones hipercomplejas se basan en la mejor ciencia disponible en Arcturus Prime. Incluso las predicciones más fiables son una de las innumerables extrapolaciones lógicas posibles, teniendo en cuenta la impredecible interferencia de las elecciones realizadas por mentes sensibles dotadas de libre albedrío.

La precisión de los modelos de los arcturianos no niega la naturaleza probabilística del determinismo manifiesto. Siempre hay un margen para desviaciones y redefiniciones introducidas por variables aún no mapeadas e interacciones dinámicas. La incertidumbre, por mínima que sea, es inherente a la predicción, reafirmando la insondable complejidad de la existencia.

Incluso ante los extraordinarios logros de los arcturianos, los estudiosos advierten de la inevitabilidad de que surjan individuos o subculturas disfuncionales en las sociedades utópicas. Por esta razón, los estrictos protocolos de cumplimiento ético impregnan todas las actividades sensibles en Arcturus. Las sospechas de desviaciones son investigadas con transparencia y rigor ejemplar por los organismos de rendición de cuentas pertinentes.

Los arcturianos siguen dedicados al ideal de armonía y prosperidad, conscientes de que el camino hacia la evolución está salpicado de obstáculos. La verdadera grandeza, sostienen, se alcanza superando estos retos. El legado de los Arcturianos trasciende no sólo sus habilidades oraculares y avances tecnológicos, sino también su continua búsqueda de la excelencia moral, solidificando su lugar como guardianes éticos y respetados mentores en la inmensidad cósmica.

Así, a lo largo de los siglos, los Arcturianos se han ganado el respeto legítimo y la autoridad moral. Su ejemplo impecable, sus nobles valores y sus notables logros han elevado la conciencia cósmica general. Los registros oraculares, lejos de ser un fin en sí mismos, son un subproducto secundario de los esfuerzos sin pretensiones por elevar la conciencia cósmica y ofrecer orientación cuando se solicita.

Para concluir este capítulo, nos queda la imagen de los Arcturianos como una sociedad avanzada que no sólo predice el futuro, sino que lo moldea sobre la base de principios éticos y una búsqueda incesante de la verdadera grandeza.

Capítulo 2
Misterios Del Espacio/Tiempo

Como vimos en el capítulo anterior, el llamado "Oráculo Arcturiano" tiene su origen en una tecnología altamente sofisticada capaz de realizar predicciones sorprendentemente precisas sobre acontecimientos futuros, tanto a nivel personal como colectivo. Esta extraordinaria capacidad para "leer" múltiples líneas temporales probabilísticas se debe a varios factores, empezando por la inmensa potencia de cálculo y la precisa modelización de las realidades potenciales por parte de las máquinas arcturianas.

Sin embargo, contrariamente a lo que algunos aún insisten en especular, tal equipamiento tecnológico, por avanzado que sea, representa sólo una parte de una ecuación más profunda que implica comprensiones dimensionales y cuánticas de cómo funcionan el tiempo y el espacio.

Para los Arcturianos, estos dominios no son variables aisladas ni fenómenos meramente físicos perceptibles por los sentidos humanos primarios. Ambos forman parte de una única matriz energética multidimensional que abarca la materia, la mente y el espíritu de forma integrada como caras de una misma moneda cósmica.

En este plano subyacente que rige la manifestación concreta de los acontecimientos tal y como los percibimos, el tiempo y el espacio disuelven sus fronteras habitualmente rígidas para adquirir contornos mucho más fluidos, holográficos e intercambiables a través de incursiones en realidades paralelas y líneas alternativas de probabilidad temporal.

Así, lo que llamamos "futuro" no es más que una proyección lineal ilusoria creada por la mente humana, que sigue atada por los límites de percibir el "ahora" como siempre deslizándose desde el "antes" hacia el "después".

Sin embargo, liberado de las restricciones tridimensionales impuestas por el cerebro físico, el espíritu expandido de los Arcturianos es capaz de experimentar futuros remotos y pasados distantes ya no como segmentos separados a lo largo de una línea temporal fija, sino como campos interconectados de conciencia disponibles para un acceso inmediato a través de inmersiones cuánticas.

Al entrar en este estado elevado de percepción trascendental, los profetas arcturianos entrenados pueden literalmente sintonizar, sentir, confabular e incluso interactuar con sus propias versiones proyectadas como conciencias alternativas, experimentando múltiples caminos probabilísticos hacia adelante en el tiempo.

Tales puntos de experiencia futura no se dispersan aleatoriamente, sino que a menudo se autoorganizan en complejas redes multidimensionales de nodos o realidades cuánticamente superpuestas que se parecerían mucho a gigantescos fractales eventualmente manifestados en el plano físico por derivación de su propia naturaleza holográfica autosimilar.

Al comprender profundamente estos principios clave sobre la irrealidad fundamental del tiempo cronológico y la simultaneidad subyacente de todas las posibilidades infinitas que coexisten en un estado potencial, los psíquicos son capaces de "leer" los acontecimientos futuros en los planos sutiles con el mismo nivel de claridad y proximidad con el que acceden a los recuerdos de su propio pasado en nuestras mentes ordinarias.

Dotados de tan trascendentes facultades eidéticas, los profetas pueden incluso identificar y caracterizar con taxonomías y terminologías reconocibles los principales arquetipos, personas o "personajes" de esas tramas eventualmente destinadas a densificarse en nuestra realidad consensual a partir de sus esbozos cuánticos previamente visualizados.

Aquí es donde entran en juego las simulaciones informáticas arcturianas, que analizan meticulosamente todas las variables implicadas para calcular las probabilidades relativas de que estos "futuros potenciales" vistos por los videntes lleguen a consolidarse como el futuro real a manifestar.

Para filtrar la "señal" de estas visiones del "ruido" subjetivo imaginario que podría contaminarlas, se realizan innumerables comprobaciones cruzadas entre las predicciones de varios profetas entrenados antes de que cualquier pronóstico importante sea formalizado y registrado por el Oráculo Arcturiano.

Alcanzando altísimos grados de consenso entre varios videntes y complejos modelos informáticos, estos pronósticos filtrados reciben el sello de autenticidad del Alto Consejo Psicotrónico de los Arcturianos antes de ser categorizados por su grado de fiabilidad y compartidos externamente cuando procede.

Entre las innumerables predicciones referenciadas que se conservan en los registros históricos arcturianos, se encuentran desde consultas personales a nobles de civilizaciones amalgamadas hasta consejos sobre acontecimientos significativos para mundos enteros, como migraciones masivas por climas adversos o el auge y caída de imperios a lo largo de los siglos.

Incluso en la Tierra, son recurrentes los casos de grupos influyentes que han tomado en secreto decisiones cruciales basándose en consultas oraculares con los Arcturianos, ya sean grandes líderes políticos y religiosos o incluso oscuras sociedades iniciáticas con conocimientos privilegiados sobre el futuro de la humanidad.

Ciertamente, el hecho de que los archivos astrales arcturianos guarden información tan remota y precisa sobre tantos pueblos, planetas y civilizaciones despierta la curiosidad de quienes se dedican a estudiar sus impresionantes técnicas predictivas. ¿Podría ser que estos registros se produjeran con tal precisión milimétrica a través de la magnificación extrema de la ya fantástica capacidad clarividente de sus videntes para observar el pasado lejano cuando consultan el futuro profundo durante sus inmersiones hiperdimensionales? ¿O tal vez, como especula una parte considerable de los estudiosos del Oráculo, hay fenómenos aún más exóticos detrás de esta aparente omnisciencia transgeneracional manifestada por los registros precisos de épocas cuyos testigos directos e indirectos hace tiempo que regresaron al polvo cósmico?

Según estos investigadores, sería posible que en sus exploraciones psicoespaciales, los proyeccionistas arcturianos con talento no sólo pudieran acceder a cualquier coordenada temporal como observadores inmateriales, siempre que calibraran adecuadamente la "frecuencia" de sus conciencias extracorpóreas a parámetros vibratorios compatibles. Pero se especula que algunos videntes muy avanzados podrían ir aún más lejos, utilizando este mismo principio de "sintonización dimensional" no sólo para visitar secciones específicas de la holohistoria, sino para encarnarse físicamente en cualquier línea temporal de interés antes de regresar a sus eras nativas de origen.

De confirmarse, tal hipótesis sentaría precedentes verdaderamente revolucionarios, incluso para los ya asombrosos niveles de manipulación transdimensional desplegados por estos seres angélicos, descendientes de las primeras chispas más allá del Vacío Dimensional, que un día formarían toda la materia y la vida actualmente organizadas en incontables universos paralelos. Pues tales capacidades implicarían que, mediante sucesivas "infiltraciones cuánticas" llevadas a cabo por videntes expertos en el pasado remoto de mundos específicos, se podría adquirir toda la experiencia directa necesaria a través de múltiples encarnaciones situadas en las cronologías de interés para luego traer tales registros vividos de vuelta a las eras nativas de estos agentes temporales en el futuro de su propia línea causal original.

Equipados con tales registros experienciales personales e incuestionables, los mnemónico-historiadores arcturianos serían capaces de componer análisis del pasado impecablemente precisos incluso de épocas cuyos participantes directos y todas sus obras se han desvanecido hace tiempo en el ocaso del tiempo, como un continuo local destinado finalmente a experimentar redefiniciones cuánticas de identidad o simplemente a renacer en realidades paralelas superiores menos limitadas en sus coherencias espacio-temporales.

Parece, por tanto, que tales son los extraordinarios dones de los videntes arcturianos: liberados de las cuadrículas de la rígida linealidad cronológica en sus viajes astrales, capaces de flotar a través de cualquier coordenada pasada o futura, previendo acontecimientos distantes, o encarnándose físicamente para experimentar eras remotas en persona antes de devolver sus esencias a casa en el futuro. Los hijos proféticos de Arcturus parecen incluso ser conservadores de registros históricos de una precisión sin precedentes, integrando múltiples realidades y garantizando una fidelidad absoluta en sus crónicas gracias a estos talentos únicos de ubicuidad temporal y multidimensional.

En posesión de tan vastas y precisas colecciones, los siguientes esfuerzos analíticos consisten simplemente en compilar, correlacionar y extrapolar tendencias a partir de esta monumental base de Big Data temporal disponible en sus oraculares bancos para elaborar exhaustivas previsiones socioculturales. Por esta razón, la proverbial asertividad casual del Oráculo Arcturiano sigue siendo imbatible, incluso cuando se pone a prueba contra grupos de control oraculares independientes repartidos por toda la Federación, y se adopta informalmente como una especie de "patrón oro" profético, sobre el que incluso otras respetadas entidades tutelares, como los altivos orientales de Aldebarán o los sabios ascendidos de Pléyades, solicitan consultas antes de formular sus propias predicciones cósmicas publicitadas externamente.

Existe incluso una creencia particular entre algunos pueblos primitivos de las afueras de la Galaxia de que el legendario Oráculo de los Arcturianos es en realidad un sistema centenario legado por progenitores ancestrales de la actual civilización arcturiana, tan antiguo que se remonta a los mismos inicios del universo local, cuando los primeros brotes de vida sensible aún se arrastraban en sus nociones de causalidad y determinismo, entre simulacros materializados recién concebidos para albergar sus mentes en formación, recién despertadas de las formas pensantes primigenias del Ser Universal, filtradas desde los Planos Superiores de la Conciencia Cósmica Primordial y sus chispas individuales de fragmentación.

Aunque tales especulaciones adversas parezcan improbables, dada la probada maestría de los Arcturianos actuales, al menos ilustran lo extraordinarias e incluso extrañas, según los estándares cósmicos ordinarios, que son las facultades oraculares desplegadas por estos veteranos seres angélicos.

De hecho, todo induce a pensar que la calidad inigualable de tales proyecciones proféticas se debe principalmente a la excelencia de los procesos sensoriales, intelectuales, pandimensionales y técnicos combinados en su funcionamiento total, lo que les permite captar, correlacionar y extrapolar toda la gama de matices que determinan la definición de cada línea de potencial manifestable con un grado de resolución y precisión aún no reproducido satisfactoriamente ni siquiera por poderosas Inteligencias artificiales de mundos avanzados dedicadas a la Predicción Probabilística en Tiempo Profundo.

Capitulo 3
Energías Universales

Como se ha explicado en los capítulos anteriores, el "Oráculo Arcturiano" es mucho más que un elaborado sistema tecnológico de predicción probabilística. De hecho, su funcionamiento depende principalmente de una conexión armoniosa con lo que los videntes describen simplemente como "las Energías Universales".

Pero, ¿cuáles son exactamente estas "Energías Universales" que son tan decisivas para permitir lecturas oraculares de una precisión tan impresionante incluso para los estándares galácticos hiperavanzados?

Inmediatamente, las propias explicaciones de los Arcturianos ya avanzan algunos puntos cruciales: estas Energías no serían una fuerza mística abstracta o aleatoria. Al contrario, se manifiestan a través de patrones y ciclos extrafísicos de naturaleza esencialmente fractal, holográfica y, sobre todo, consciente. Así pues, para comprender mejor su narrativa, necesitamos ampliar temporalmente nuestros horizontes más allá de la visión newtoniana clásica que aún delimita el pensamiento científico moderno en la

Tierra, porque los principios fundamentales que rigen la realidad multidimensional en la perspectiva arcturiana simplemente trascienden las nociones convencionales de causalidad lineal.

Según su cosmogénesis, nuestro universo observable no sería más que un subproducto material previamente imperceptible de flujos energéticos, informacionales y concienciales generados desde planos más sutiles, pero causalmente ontológicos anteriores a la propia manifestación espacio-temporal ordinaria. Desde una perspectiva no religiosa, podríamos comparar poéticamente estos planos con una especie de Protoconciencia Cósmica Primordial, una Inteligencia Fundamental prematerial que se habría diferenciado gradualmente en miríadas de subconciencias individuales a medida que emanaba su influjo creativo a través de los estratos más densos de la realidad manifiesta. En este perpetuo proceso de exteriorización, cada chispa conciencial individualizada acabaría configurando su propio universo interno y, por proyección crepuscular, materializando diferentes texturas espacio-temporales, donde luego comenzarían a interactuar entre sí bajo diversos grados de autoconciencia e incluso encarnación en subuniversos específicos como el nuestro.

Naturalmente, dado este origen común ancestral unificado, estas corrientes de conciencia aparentemente individualizadas permanecerían inevitablemente interconectadas a través de sus muy sutiles raíces no locales, que impregnan todos los estratos y realidades manifiestas hasta el plano físico más denso conformado por sus creaciones conscientes descendientes. Esta es la esencia de la concepción arcturiana de las llamadas "Energías Universales": son afluencias multidimensionales que irradian desde estos planos superconscientes primordialmente hiperdimensionales hacia los estratos inferiores de la manifestación perceptible. Fluyendo a través de todo lo que constituye los mundos físicos y sus habitantes, estas energías arquetípicas no representarían fuerzas ciegas, sino corrientes altamente inteligentes de información, conciencia e incluso intención creativa - códigos morfogenéticos conscientes capaces de condensar formas, acontecimientos e incluso civilizaciones enteras cuando son atraídas y organizadas por los campos gravitatorios generados alrededor de focos complejos de conciencia manifiesta, como encarnaciones planetarias o galácticas.

En este contexto, la estructura fractal autosimilar observable en la mayoría de los fenómenos naturales sería el resultado de este flujo direccional perpetuamente renovado de conciencias individuales interconectadas que proyectan su esencia común sobre diferentes sustratos a través de procesos cíclicos análogos de interiorización y exteriorización creativa. En otras palabras, los Arcturianos explican los códigos característicos repetidamente incrustados en la naturaleza como el reflejo de patrones arquetípicos universales preexistentes en el superconsciente colectivo primordial que luego se expresan imaginariamente a través de las diversas realidades creadas - todas las cuales contienen holográficamente en sus propias estructuras atómicas más elementales los "genes" del todo diverso del que emana su existencia temporal relativa. Siguiendo esta lógica emanacionista, los ciclos astrológicos tan meticulosamente trazados por las antiguas escuelas esotéricas terrestres tampoco serían más que epifanías externas de estos influjos internos multidimensionales que se producen a niveles subcuánticos entre planos directamente responsables de la propia génesis continua de micro y macromicrosmos siempre renovados. En resumen, en la visión arcturiana, todas las dimensiones de la existencia perceptible estarían literalmente inmersas en este vasto océano de energías universales arquetípicas indeleblemente impresas en ellas a través de todo tipo de ciclos anidados, trayendo invariablemente los patrones de la Esencia Una subyacente a la superficie a través de la miríada de formas relativas que asume. Y sería precisamente a través de estos canales hiperdimensionales, irrigando a través del tejido de consenso espacio-temporal, que los sensibles Arcturianos entrenados serían capaces de vislumbrar el futuro-en-poder siempre presente destinado a revelarse en el ahora exterior, a través del continuo despliegue de estas fuerzas formativas orientadas a patrones de orden natural inquebrantable, en su flujo eternamente reinventado.

Como peces conscientes nadando en la corriente universal, los clarividentes simplemente aprenderían desde una edad temprana a detectar firmas energéticas características, anticipando manifestaciones inminentes de realidades futuras ya en un estado avanzado de gestación dentro de sus capullos proto-dimensionales aún pre-materiales. Las lecturas psicométricas de las calidades y volúmenes relativos de estos flujos de información multidimensional "anunciarían" hasta cierto punto acontecimientos y formas complejas a punto de materializarse densamente a través de derivaciones sucesivas de estas fuentes superconscientes altamente iluminadas, desplegando eternamente sus afluencias modeladoras. Para traducir estas percepciones en términos comprensibles, recurrimos entonces a una precisa modelización informática multidimensional capaz de integrar innumerables variables y tendencias cuánticas detectadas por las facultades sensoriales hiperdesarrolladas de estos Maestros Ascendidos Arcturianos.

Gracias a esta excepcional conjunción de dones clarividentes, tecnología oracular y profunda comprensión teórica del continuo espacio-tiempo como un holograma dinámico proyectado desde planos concienciales anteriores, el llamado Oráculo Arcturiano se ha forjado su bien merecida reputación como un dispositivo profético singularmente preciso incluso para los estándares hiperavanzados que prevalecen en esta región del universo local.

Sin embargo, como enseña la sabiduría hermética, "como es abajo es arriba", los mismos principios fractales universalmente válidos permiten a los videntes prever patrones de macro manifestación que cíclicamente también operan en esferas microcósmicas de la realidad.

De hecho, aunque su enfoque predominante se centra en acontecimientos de amplio interés civilizatorio consensuados colectivamente, el Oráculo se ha utilizado tradicionalmente a menor escala para hacer predicciones y emitir consejos personalizados a nivel individual para aquellos dispuestos a seguir las directrices preventivas sugeridas con valentía y determinación.

Existen innumerables ejemplos históricos, desde humildes plebeyos que recibían con unos meses de antelación el aviso de inminentes catástrofes naturales o conflictos en sus regiones y podían entonces prepararse y emigrar temporalmente a zonas seguras, hasta poderosos soberanos y gobernantes planetarios que habrían evitado asesinatos, intrigas palaciegas o derrotas militares tomando diversas decisiones preventivas tras consultar al temible Oráculo de los Arcturianos a través de embajadores y mensajeros astrales.

Sin embargo, al igual que en la mayoría de los casos colectivos, las posibilidades de éxito individual también aumentan significativamente en función del grado de comprensión interna, virtud moral y determinación para alinear pensamientos, sentimientos y acciones de acuerdo con los realineamientos sugeridos por las consultas oraculares personalizadas con precisión a las necesidades de cada caso particular.

Después de todo, incluso para una tecnología tan avanzada, es matemáticamente imposible generar predicciones personalizadas absolutamente asertivas sin establecer primero conexiones energéticas profundas y estables con cada conciencia consultante individual para definir parámetros sincronísticos mínimos capaces de anclar dentro de márgenes aceptables el complejo espectro de variables imaginables para cada huésped biológico único y su miríada de encrucijadas probabilísticas imaginables expandiendo fractalmente sus realidades personales potenciales.

Sin embargo, una vez que una conexión tan profunda se ha establecido firmemente a través de consultas sucesivas y la receptividad emocional e intelectual probada del consultante a los estudios preliminares revelados, los analistas arcturianos se vuelven progresivamente capaces de generar percepciones y sugerencias altamente personalizadas con una posibilidad creciente de asertividad incluso en asuntos delicados que implican salud, relaciones, carrera y otros asuntos cruciales para los destinos individuales.

Ejemplos extraordinarios son los innumerables casos registrados de enfermos terminales que se han recuperado tras seguir las recomendaciones de tratamiento personalizadas del Oráculo, parejas en situaciones límite cuyas relaciones se han revitalizado tras reconsiderar importantes decisiones tomadas precipitadamente, o incluso marginados sociales que han dado un giro completo a sus historias vitales al recibir una valiosa orientación sobre opciones y prioridades nunca antes consideradas en sus estados de ánimo y perspectivas habitualmente derrotistas.

Aunque pueda sonar poco razonable para una civilización todavía mayoritariamente materialista como la terrestre contemporánea, todo indica que la curación o el deterioro de cualquier sistema biológico manifiesto resulta principalmente de los influjos energéticos e informativos proyectados desde su huésped conciencial interior a través de sus envolturas exteriores densificadas.

Siguiendo esta línea de razonamiento, que es coherente con los principios holográficos previamente elucidados, la reformulación de tales patrones personales profundos de auto-creencia y expectativas auto-materializadoras a través de intervenciones sincronísticas como las predicciones y consejos emitidos por el Oráculo Arcturiano tendría la capacidad de redefinir subatómicamente la matriz energética muy sutil y densa responsable de dar forma, dentro de los límites internos establecidos, al espectro viable de experiencias físicas probables a desplegar en el camino único de cada individuo en el tiempo común consensual compartido.

En resumen, ya sea en el nivel microcósmico individual o en el macrocosmos colectivo, el modus operandi detrás de los asombrosos índices de precisión oracular que han sido confirmados repetidamente, realmente parece provenir de esta habilidad única para aprehender influencias y tendencias informativas en una etapa germinal, aún no manifestada, justo por debajo del umbral de la percepción ordinaria, y luego traducirlas analíticamente en términos que sean aceptables para los patrones de causalidad mecanicista aún dominantes en la etapa actual de las civilizaciones consultoras.

Como desdoblamientos multidimensionales de la misma Esencia Una en sus planos arquetípicos primordiales, la conexión internamente reconocida como una identidad individualizada con este continuum conciencial común a todo y a todos los seres, parece dar a los Iniciados Arcturianos el privilegio de prever probabilidades futuras, tanto internas como externas, con un impresionante grado de penetración y asertividad que todavía es poco comprendido.

Capítulo 4
Herramientas Adivinatorias

Entre los instrumentos más sagrados utilizados por los videntes Arcturianos para realizar sus adivinaciones a través del Oráculo se encuentran los conocidos como Vhyr-Taerya, o Herramientas Divinatorias. Son verdaderas extensiones energéticas de sus mentes expandidas capaces de captar patrones ocultos en el tejido del espacio-tiempo.

Las Vhyr-Taerya actúan como catalizadores que potencian las capacidades psíquicas innatas de los Arcturianos, permitiéndoles acceder a vislumbres de acontecimientos distantes en el pasado y el futuro, que luego son interpretados a la luz de sus amplios conocimientos místicos.

Según la tradición arcturiana, los Vhyr-Taerya fueron un regalo de los Kryonn, una raza alienígena cristalina de gran sabiduría espiritual. Debido a que viven en un plano dimensional sutil, los Kryonn rara vez interactúan directamente con los humanoides. Pero hicieron una excepción con los Arcturianos para darles estos instrumentos.

Se dice que tras siglos de observar la virtuosa evolución de los Arcturianos y su búsqueda por desentrañar los enigmas del universo, los Kryonn se apiadaron de ellos y decidieron darles el Vhyr-Taerya para acelerar el despertar de sus mentes y utilizar mejor su libre albedrío en beneficio cósmico.

De hecho, desde que empezaron a incorporar el uso de la Vhyr-Taerya a sus prácticas oraculares, los sacerdotes arcturianos han aumentado enormemente el alcance y la precisión de sus predicciones astrales, convirtiéndose en un punto de referencia ineludible entre las personas interesadas en las artes adivinatorias.

Inicialmente, los Kryonn legaron a los Arcturianos siete Vhyr-Taerya principales, un número que conlleva un fuerte simbolismo esotérico en su cultura. Más tarde, los propios Arcturianos desarrollaron nuevas herramientas híbridas, combinando cristales especiales con metales nobles y aleaciones alquímicas en recetas compuestas, cuyos detalles permanecen en secreto.

Los siete Vhyr-Taerya originales siguen siendo venerados como los más sagrados y se utilizan hasta el día de hoy en los rituales adivinatorios más importantes realizados por los videntes arcturianos dentro de los templos Qrnil G, repartidos por los doce planetas que orbitan alrededor de la Estrella Arcturus en el sistema estelar Alfa Boötis. El primero de ellos es el Atlante de Plata, un péndulo plateado de forma triangular que oscila sobre mapas estelares tridimensionales, proyectando líneas de luz que señalan lugares de importancia astrohistórica, permitiendo a los videntes reconstruir acontecimientos del pasado con gran detalle.

Otro original Vhyr-Taerya digno de mención es el Caldero Thyorium, un cáliz de forma heptagonal grabado con glifos en su exterior que tiene la propiedad de hervir espontáneamente cada vez que se sumerge en agua hirviendo durante los solsticios y eclipses. La intensidad de la ebullición y la coloración del agua permiten predecir la intensidad y los tipos de acontecimientos cósmicos y sociales que tenderán a producirse antes de la próxima alineación temporal. Cuanto más densa sea la nube de vapor y más pura el agua, más desafiantes tenderán a ser los acontecimientos.

Otro objeto artesanal utilizado a menudo junto con el Caldero de Thyorium para maximizar los resultados es el Medallón Vhariano, un collar con un colgante de cristal oscuro que funciona como transductor de frecuencia para el campo electromagnético circundante.

Cuando se sumerge en agua hirviendo tras los rituales con el Caldero, el Medallón captura y almacena temporalmente información sutil en su cristal, a la que luego acceden telepáticamente los psíquicos en estado de meditación. Los mensajes captados se presentan como imágenes oníricas de paisajes con pliegues espaciales que revelan panoramas simbólicos de acontecimientos venideros. La interpretación del simbolismo de los elementos observados en estas visiones requiere un amplio entrenamiento en la psique arcturiana.

Otra herramienta original extremadamente valiosa para los Arcturianos es el Orbe de Chronoss, una esfera de material similar al vidrio rodeada por dos anillos concéntricos que giran alrededor del orbe luminoso, generando un campo gravitatorio radial capaz de doblar las líneas temporales. Contemplando meditativamente el vórtice hipnótico creado por el movimiento sincronizado de Chronoss, los videntes arcturianos son capaces de vislumbrar claramente panoramas ambientales de diferentes periodos del pasado y del futuro, obteniendo así visiones remotas de mundos paralelos.

El Tambor Divinatorio de Arghhonatz, por su parte, es un instrumento musical sagrado en cuya construcción intervienen en secreto metales y minerales que sólo se encuentran en las cuevas de Galh-Styynz, una mítica montaña de cristales situada en el interior de Arcturus IV, uno de los doce planetas que orbitan alrededor de la estrella Arcturus.

Cuando se golpea rítmicamente, el Tambor emite frecuencias vibratorias especiales capaces de amplificar las ondas cerebrales, abriendo canales psíquicos dormidos en la mente de los videntes y permitiéndoles acceder a vidas pasadas relacionadas tanto con su propia existencia en el campo cuántico universal como con la de otros seres consultores.

Entre todos los instrumentos originales legados por Kryonn, sin embargo, el más impresionante de Vhyr-Taerya según los Arcturianos es el Telescopio Interdimensional, una especie de telescopio prismático hecho de lapislázuli y cristales especiales que permite ver dentro de agujeros negros, galaxias lejanas e incluso mundos paralelos fuera del espectro electromagnético conocido.

Mirar a través del telescopio durante ciertas alineaciones planetarias genera en las mentes expandidas de los videntes Arcturianos visiones de caleidoscopios multidimensionales con miríadas de galaxias y constelaciones humanoides coexistiendo en diferentes etapas civilizatorias más allá del plano humano terrestre, permitiéndoles así prever los destinos potenciales que aguardan a la raza humana en su viaje evolutivo.

Además de estos siete Vhyr-Taerya originales, con el tiempo los propios Arcturianos han desarrollado docenas de otras herramientas adivinatorias híbridas extremadamente elaboradas, que incorporan diversas gemas, minerales y metales especiales en su fabricación.

La sofisticación alquímica implicada en tales instrumentos se considera secreta, incluso para los estándares arcturianos, y su uso está reservado sólo a los hierofantes más veteranos de la orden astrológica en los rituales del tiempo celebrados dentro del Templo de G'rhynzul en el planeta Arcturus Prime.

Entre estas herramientas híbridas postcrionianas, la que más impresiona a los consultantes de otros mundos es el Mapa Estelar Animatus, una representación tridimensional de la Vía Láctea hecha de cristal líquido y polvo de magnetita con propiedades sobrenaturales. El Mapa tiene la extraña capacidad de mostrar en su superficie animaciones hiperrealistas del movimiento de toda la galaxia desde una perspectiva externa, acelerando del presente al futuro a velocidades variables según los ajustes manipulados por los videntes durante sus consultas. Al detener la animación en un punto determinado del futuro, el mapa revela la posición y el aspecto de todas las estrellas en ese punto del espacio-tiempo, lo que permite a los Arcturianos realizar análisis y predicciones basados en los probables efectos energéticos de las alineaciones estelares en los cuadrantes cósmicos adyacentes.

Otra pieza de impresionante belleza y poder oracular es el Planetario de Vhyprianus, una réplica en miniatura del sistema planetario de Arcturus con cada mundo representado por una piedra preciosa grabada con símbolos místicos y propiedades mágicas relacionadas. Los doce mundos en miniatura orbitan alrededor de la gran esfera central de diamante que representa a Arcturus, y toda la composición gira suavemente sostenida por el campo antigravitatorio de un cubo de paladio.

Al acercarse al Planetario durante las consultas, los videntes arcturianos pueden detectar sutiles variaciones en las trayectorias de las gemas, así como fulguraciones y eclipses temporales que les transmiten información cifrada sobre acontecimientos inminentes o en curso en los distintos mundos, lo que permite tomar medidas preventivas o correctivas.

También existe el Orbe Proyector, una esfera hueca de koruum (plata líquida) graduada con marcas alquímicas y runas numerológicas cuyo interior contiene un fluido cristalino invertido de campo cero. Cuando los videntes lo agitan y lanzan durante augures especiales, el Orbe flota en el aire proyectando rayos de luz que forman imágenes tridimensionales de seres y acontecimientos pertenecientes a diversas líneas temporales alternativas.

La interpretación de esta miscelánea de escenas aleatorias requiere contextualizarla dentro de la simbología arcturiana, pero puede revelar conexiones entre variables aparentemente inconexas, permitiendo prever acontecimientos de gran impacto incluso en planos muy alejados del campo visual actual de los videntes.

Otro objeto místico de gran relevancia durante la labor oracular de los altos hierofantes arcturianos es el Tambor de Vhyprius, fabricado con una aleación metálica fundida de plata, cobalto, hierro y carbono, con propiedades sonoras únicas.

Su forma se asemeja a un dodecaedro estrellado, con caras pentagonales grabadas con glifos luminiscentes. Cuando se golpea rítmicamente, emite frecuencias isocrónicas que inducen cambios en la conciencia, permitiendo la canalización precisa de entidades y mensajes de planos paralelos materializados en forma de escrituras cuánticas.

Estos mensajes aportan valiosas orientaciones y consejos ancestrales para los dilemas a los que se enfrenta tanto la civilización arcturiana como otras culturas con las que establecen contacto en un intercambio mutuo de aprendizaje a lo largo de las eras estelares.

Cabe destacar el Medallón Atlante, una pieza en forma de diamante hecha de kelzon, un cristal capaz de almacenar y amplificar las energías astrales. Contiene agua sellada de los Océanos de Lhyrenzius, un legendario planeta oceánico que se dice que existió donde hoy se encuentra el Cinturón de Asteroides.

Según antiguos registros estelares, Lhyrenzius fue destruido por sucesivas colisiones de meteoritos atraídos por su intenso campo electromagnético. Sin embargo, antes de su completa desintegración, los sabios lirenzianos habrían recogido esencias vitales que ahora se conservan en el Medallón como información cuántica relicta de mundos por despertar.

Al sumergir el Medallón en fuentes de energía durante las consultas en el Templo de G'rhynzul, los Hierofantes pueden acceder a la sabiduría lhyrenziana en forma de percepciones telepáticas con revelaciones instructivas sobre los retos holo-mundanos que impregnan las transiciones entre eras cósmicas en los procesos evolutivos de los planetas sensibles.

Otra magnífica pieza es el Celestióculo de Italh-Bren, un intrincado globo celeste hecho de cristales de amoroso transparentes montados sobre un armazón de kripturium, un metal antigravitatorio, con capacidad para flotar sobre estanques energizados que proyectan hologramas estelares tridimensionales que indican probables cambios en el curso de las estrellas y posibles colisiones.

Manipulando las estructuras internas del Celestióculo mediante códigos transmitidos mentalmente, los Hierofantes pueden acelerar la proyección holográfica y visualizar así la posición relativa de estrellas y planetas en cualquier punto futuro del espacio-tiempo, incluso más allá del horizonte de sucesos predecible por las técnicas tradicionales de la astrología arcturiana.

Esto permite no sólo anticiparse y protegerse de posibles catástrofes meteorológicas o sísmicas de mayor magnitud, sino también elegir los momentos más favorables para acoger Los Grandes Cónclaves de las Mentes Iluminadas de Arcturus, eventos en los que los hierofantes de Alfa Boötis reciben a representantes de otras culturas estelares para intercambiar mutuamente conocimientos multidimensionales orientados al progreso espiritual de toda la comunidad galáctica.

Sin embargo, la más exótica de todas las herramientas adivinatorias arcturianas es lo que se ha dado en llamar el Crono-Comprehensor Khaa'Lynriano, una especie de máquina semi-orgánica conectada telepáticamente a la conciencia del Templo de G'rhynzul.

Mediante intrincados sistemas de cristales piezoeléctricos y metales superconductores, el Crono-Comprehensor es capaz de detectar sutiles anomalías cronotrónicas causadas cada vez que viajeros dimensionales del futuro interactúan con el presente en cualquier lugar del multiverso, emitiendo alertas que permiten a los Hierofantes identificar e interpretar incluso los mínimos impactos potenciales causados por tales visitantes anónimos, determinando medidas preventivas siempre que sea necesario.

Según especulaciones nunca confirmadas oficialmente por los propios Hierofantes Guardianes del Mysteriorum Arcturianum, el Cronoentendedor Khaa'Lynriano sería en realidad un regalo de los semilegendarios conocidos únicamente como Los Arregladores de Eras.

Cuenta la leyenda que Los Fijadores de Eras constituyen una orden transdimensional responsable de asegurar la consolidación y preservación de las líneas temporales predominantes que formarán el registro akáshico oficial al final de cada era planetaria local.

Para ello, vigilan constantemente los enfrentamientos entre cronólogos renegados empeñados en reescribir los acontecimientos pasados con el fin de provocar bifurcaciones temporales que tendrán un impacto significativo en el desarrollo futuro de las civilizaciones. Otorgar el Crono-Comprehensor a los Arcturianos sería, por tanto, un gesto de reconocimiento a su noble misión de mantener el equilibrio temporal y proteger el flujo natural de la evolución cósmica.

Al explorar los Vhyr-Taerya, desde los siete originales hasta las elaboradas herramientas adivinatorias híbridas, queda claro que los Arcturianos desarrollaron una profunda simbiosis con estos instrumentos. El dominio de estas herramientas no sólo enriqueció sus prácticas oraculares, sino que también fortaleció la conexión entre los videntes arcturianos y las fuerzas cósmicas que gobiernan el universo.

Capítulo 5
Astrología Cósmica

La astrología cósmica es una de las formas de adivinación más profundas y sagradas utilizadas por los arcturianos en su legendario Oráculo. Interpreta los movimientos y alineaciones de los cuerpos celestes para revelar los designios del universo y desentrañar los misterios del futuro.

Los Arcturianos creen que las estrellas ejercen una poderosa influencia energética sobre todos los seres. Cada planeta y estrella emite frecuencias electromagnéticas únicas que interactúan con los campos áuricos de los seres vivos, alterando sus realidades.

Observando atentamente la coreografía cósmica de los astros, los Arcturianos descifran un lenguaje sutil y simbólico que encierra claves para comprender los ciclos temporales que rigen la existencia. Es como si el cielo estrellado narrara, en silenciosa poesía, los acontecimientos venideros.

Para los Arcturianos, la Tierra y todo el sistema solar están intrínsecamente interconectados en una red energética multidimensional. Lo que afecta a uno repercute en todos; ningún fenómeno cósmico se produce de forma aislada.

De este modo, interpretando una alineación o un movimiento planetario particular, los Arcturianos pueden extraer predicciones globales, que van desde acontecimientos climáticos y sociales en la Tierra hasta transformaciones dimensionales a nivel cósmico.

Uno de los fundamentos de la astrología cósmica reside en la observación minuciosa de los ciclos entre los cuerpos celestes. Los Arcturianos siguen las revoluciones, órbitas, sincronicidades y encuentros entre planetas, lunas, soles y estrellas con conocimientos milenarios. Estos ciclos revelan patrones ocultos sobre las eras cósmicas por las que pasa el universo en su existencia eterna. Al igual que la rueda del zodiaco terrestre, existen ruedas mayores que rigen los kalpas, es decir, ciclos de millones o miles de millones de años.

Los Arcturianos dicen, por ejemplo, que la alineación actual de la Tierra con el centro de la galaxia afectará profundamente a la humanidad, trayendo una intensa aceleración espiritual y la ampliación de la conciencia en los siglos venideros. Es el despertar a una nueva era cósmica. Otra estrella importante utilizada por los Arcturianos en su astrología cósmica es Alcyone; el Sol Central. Esta es la estrella principal de la constelación de las Pléyades, considerada el hogar de las siete hermanas siderales en la mitología griega.

Según las enseñanzas arcturianas, cuando Alcyone emite intensas emanaciones de luz y se alinea magnéticamente con nuestro Sol, se abren portales interdimensionales por los que pasan seres altamente evolucionados en misión hacia la Tierra.

Se dice que Jesús recibió un influjo directo de la luz de Alcyone en su nacimiento, lo que amplificó extraordinariamente sus poderes espirituales y le convirtió en un avatar de la nueva era cósmica en la Tierra. También se dice que otros maestros y profetas recibieron bendiciones de Alcyone.

En cuanto a las constelaciones y sus mitologías, los arcturianos encuentran ricos simbolismos y profecías sobre la trayectoria humana. Por ejemplo, la constelación de Escorpio y su leyenda se interpretan como una referencia a las adversidades a las que se enfrentaría la humanidad en su viaje evolutivo.

Pero para los Arcturianos, la constelación de Acuario y su simbolismo de la edad de oro representan los tiempos venideros. El actual proceso de transición del zodíaco terrestre hacia esta edad, con el paso de las edades de Piscis a Acuario, indicaría profundas transformaciones socioculturales en la Tierra.

Ciertos acontecimientos y fenómenos astronómicos muy esperados por los astrólogos arcturianos son los eclipses lunares y solares. Para ellos, tales acontecimientos demarcan intersecciones entre planos y dimensiones, permitiendo la percepción sutil de realidades paralelas durante las líneas temporales en las que la Luna cubre al Sol o la Tierra proyecta su sombra sobre la Luna.

Durante un eclipse lunar, por ejemplo, se forma un cono cósmico multidimensional cuyo vértice coincide con la ubicación exacta de la Luna en el momento del fenómeno. Este portal interdimensional único permite a los Arcturianos proyectar su conciencia en realidades paralelas, presagiando ciertos acontecimientos futuros.

En los eclipses solares, los Arcturianos interpretan el simbolismo de la sombra proyectada como una representación de las adversidades que periódicamente oscurecen la luz del sol, trayendo estancamiento y decadencia antes de los saltos evolutivos, pero después de cada eclipse solar, la luz del progreso regresa intensificada.

Otro marcador cósmico importante en la astrología arcturiana son los equinoccios y los solsticios, es decir, los momentos del año en que el día y la noche tienen la misma duración en la Tierra y en que se producen, respectivamente, los días más largos y las noches más cortas del año.

Según los Arcturianos, los equinoccios y los solsticios demarcan intersecciones energéticas entre dimensiones espirituales que influyen en los acontecimientos terrenales. Por ello, estas fechas son propicias para contactar con planos superiores y obtener vislumbres de realidades extrafísicas y acontecimientos futuros.

Las predicciones legendarias contenidas en el Oráculo Arcturiano se obtienen observando cuidadosamente todos estos acontecimientos y marcadores celestes, así como sus ciclos, traducciones y sincronicidades.

Armados con un conocimiento ancestral del simbolismo de cada estrella y fenómeno cósmico, los videntes arcturianos tejen intrincadas interpretaciones que sintetizan, en exhaustivas vaticinios, el movimiento de la gran rueda cósmica que rige los destinos del universo.

Sin embargo, a pesar del tono determinista, los Arcturianos subrayan que las predicciones astrológicas contienen elementos de imprevisibilidad, dado el libre albedrío de los seres como variable que no puede ser completamente cartografiada en ninguna adivinación en la que el universo se asemejaría a una compleja red multidimensional de infinitas posibilidades. En cada punto de intersección de esta red hay bifurcaciones futuras, en las que todas las potencialidades están contenidas en un estado de superposición cuántica.

De este modo, hasta que una potencialidad determinada se materializa en un plano dimensional dado, como resultado de actos de voluntad consciente, todas las posibilidades permanecen como futuros embrionarios en paralelo.

Los videntes arcturianos subrayan que el hecho de predecir una determinada línea temporal no invalida ni elimina la existencia concomitante de las demás. Lo que se hace es partir de patrones fractales percibidos en los movimientos del cosmos para indicar las secuencias con más probabilidades de manifestarse. Por eso, a lo largo de su historia estelar, algunas de las profecías astrológicas de los Arcturianos no se han cumplido exactamente como se predijo. No porque sus capacidades predictivas fueran limitadas, sino porque utilizaron su libre albedrío para forjar nuevas realidades.

Sin embargo, dada la sabiduría multidimensional de los Arcturianos, incluso estas aparentes imprecisiones acaban encontrando interpretaciones y relecturas en espirales hermenéuticas de significado, en una eterna búsqueda de la explicación definitiva dentro del Oráculo.

Un ejemplo de profecía incumplida que gana nuevas interpretaciones se refiere a la famosa predicción de que el planeta Nibiru o Planeta X colisionaría con la Tierra a finales del siglo XX, provocando un grave cataclismo planetario. Obviamente, dicha colisión nunca se produjo, lo que provocó incredulidad y escepticismo sobre las capacidades astrológicas de los Arcturianos. Sin embargo, reafirman que sí existió tal potencial, pero que la conciencia colectiva de la humanidad se elevó lo suficiente como para manifestar una línea temporal alternativa.

Los Arcturianos argumentan que la profecía en sí generó movimientos energéticos positivos, llevando a millones de almas a oraciones, meditaciones y emanaciones amorosas que habrían TRANSFORMADO sutilmente la trayectoria de Nibiru lejos de la Tierra. Como la astrología arcturiana trata con astronomía interdimensional y frecuencias extrafísicas, es difícil probar o refutar completamente tales lecturas. No obstante, se trata de visiones alternativas que estimulan la expansión de la conciencia y el pensamiento crítico.

Algunos de los videntes arcturianos más respetados del pasado fueron Izno, Akensio, Thyoria y Vhozanus. Cada uno de ellos produjo obras monumentales que reunían análisis astrológicos y profecías que reverberan hasta nuestros días como referencias en el universo místico arcturiano.

Izno, por ejemplo, vivió durante el apogeo de la civilización atlante en la Tierra. Realizó descripciones geográficas y sociológicas del continente perdido que resultaron asombrosamente exactas con el paso del tiempo y el descubrimiento de restos arqueológicos miles de años después.

Akensio, por su parte, está considerado como uno de los mentores filosóficos de los soberanos que gobernaron el Antiguo Egipto durante 30 dinastías. Se dice que utilizaba sus visiones de los marcadores celestes, como la crecida del Nilo, para aconsejar a los faraones en la toma de decisiones sobre las épocas favorables para la siembra, la cosecha, la navegación y la construcción.

El vidente Thyoria vivió en la civilización maya y elaboró uno de los mapas más detallados de la astrología de Venus, incluyendo descripciones de Kas-Vhuun, la legendaria segunda luna de este planeta, destruida en la antigüedad pero aún visible para los ojos arcturianos.

El astrólogo Vhozanus, por su parte, es considerado el portal viviente más directo a la conciencia de Osiris, la deidad egipcia considerada una manifestación del Logos Solar. Fue Vhozanus quien reveló el secreto de la Cámara de la Alineación en el interior de la Esfinge, canalizando información directamente desde la mente de Osiris sobre la estructura interdimensional del monumento y su funcionamiento. La cámara en cuestión es una especie de portal que, cuando se activa en momentos de determinadas alineaciones astronómicas, amplifica energías cósmicas capaces de expandir la conciencia y revelar secretos del universo a los iniciados que meditan en su interior.

El alcance de estas revelaciones depende, sin embargo, de la pureza vibracional y la sincronización armónica de la mente humana con las frecuencias cósmicas captadas por la Cámara de Alineación en el interior de la Esfinge. Por lo tanto, la astrología arcturiana va mucho más allá de la simple predicción del destino. Trabaja con la manipulación de fuerzas energéticas sutiles que, debidamente descodificadas e integradas armónicamente, elevan tanto el agudo discernimiento sobre el futuro como los niveles de conciencia de quienes las manejan.

Y éste es el verdadero objetivo subyacente del místico Oráculo Arcturiano: proporcionar herramientas sensibilizadoras capaces de sintonizar la percepción humana con las dimensiones extrafísicas que conforman la trama oculta bajo el velo ilusorio de la realidad holográfica conocida.

Sólo cuando la humanidad vuelva a despertar su telepatía innata con los ritmos del cosmos podrá participar conscientemente en el acto de tejer los hilos de su viaje histórico, manifestando los escenarios que decida a través de la armonización empática y ya no a través de la disonancia distractora.

Según los videntes arcturianos, cuanto más despierten los humanos esta conciencia holística y apliquen los conocimientos contenidos en el Oráculo Arcturiano, más rápido alcanzará la Tierra la sincronicidad vibratoria necesaria para ascender a la edad de oro astrológica predicha hace tanto tiempo en los registros akáshicos estelares. Y el ingrediente principal para acelerar este viaje planetario hacia la etapa solar, el siguiente paso evolutivo para cualquier civilización terrestre, es la emisión intencionada de vibraciones amorosas por parte de cuantos más corazones humanos mejor, porque el amor sintoniza automáticamente con las altas frecuencias de las dimensiones ascendentes.

Por lo tanto, mientras los ciclos mayores del cosmos continúan su flujo incesante orquestando las eras estelares, la humanidad tiene en sus manos y corazones el poder de escribir el destino que decida asumir en total alineación con sus potencialidades espirituales más sublimes.

Y el primer paso en este viaje de despertar es, sin duda, tratar de interiorizar el conocimiento crístico, universal y atemporal contenido entre las líneas del Oráculo Arcturiano, verdadero portal multidimensional a los misterios del universo en sus infinitas manifestaciones holográficas a través del tiempo y del espacio.

Capítulo 6
El Don De La Clarividencia

Entre las notables habilidades extrasensoriales desarrolladas por la mente arcturiana en sus continuas expansiones de conciencia, una de las más impresionantes es el dominio de la clarividencia, la facultad de ver acontecimientos lejanos en el tiempo y el espacio con un impresionante nivel de detalle.

A través de la clarividencia, los videntes arcturianos son capaces de vislumbrar con precisión escenas del pasado y del futuro, obteniendo valiosos conocimientos sobre las causas y consecuencias de los acontecimientos aún en gestación en el océano cuántico de las potencialidades. Esto se debe a que, según la cosmología arcturiana, el pasado, el presente y el futuro coexisten simultáneamente como campos probabilísticos en el tejido del espacio-tiempo. Por lo tanto, al expandir su conciencia más allá de las barreras aparentes entre estos campos, el clarividente es capaz de vislumbrar las realidades subyacentes.

Sin embargo, estas visiones del futuro no se limitan a los acontecimientos de este plano material terrenal. Van desde episodios que tienen lugar en otros mundos y dimensiones paralelas hasta fenómenos celestiales como el nacimiento o colapso de estrellas y galaxias lejanas. Esto se debe a que la cosmología arcturiana opera con un concepto fractal y holofónico de universos paralelos multidimensionales, que se reflejan y co-crean entre sí a través de ejes sincrónicos indetectables por la física terrestre moderna. Así, expandiendo sus campos de conciencia más allá del espectro electromagnético ordinario, los clarividentes arcturianos sintonizan con estos ejes transdimensionales, captando percepciones espacio-temporales no locales del pasado y el futuro de realidades tanto intra como extrafísicas. El proceso se intensifica exponencialmente cuando estas visiones se obtienen durante consultas oraculares en lugares energizados como el Templo de G'rhynzul o en los Vórtices Arcturianos diseminados por los doce mundos que orbitan alrededor de la Estrella de Arcturus.

Los Vórtices Arcturianos son formaciones rocosas semicristalinas que irradian frecuencias telepáticas amplificadas que potencian cualquier capacidad latente en los visitantes sensibles. Funcionan como un portal interdimensional.

Al acercarse a estos vórtices o centrar su atención mental en ellos durante rituales oraculares, los clarividentes arcturianos acceden a lo que puede describirse como un "radioteatro imagístico" del pasado y el futuro en múltiples niveles dimensionales más allá del espectro conocido. Las impresiones captadas se presentan como escenas complejas y dinámicas, que se interpretan meticulosamente a la luz de los amplios conocimientos de los clarividentes arcturianos sobre los lenguajes simbólicos del inconsciente colectivo local y los patrones alquímicos de los elementos constitutivos del universo manifestado.

Uno de los maestros más respetados de la clarividencia arcturiana fue el mencionado Vidente Vhozanus, especialista en la canalización psicográfica directa de entidades del panteón extraterrestre como Osiris y Khmu-Ra, obteniendo valiosas revelaciones esotéricas y advertencias sobre acontecimientos críticos.

Se dice que durante una de sus sesiones oraculares en el Gran Vórtice Arcturiano situado en el Satélite Soorthyn, Vhozanus obtuvo una extraordinaria visión clarividente del bombardeo y destrucción de una importante ciudad portuaria de la Tierra que tendría lugar más de cien años después. La descripción precisa de los extraños artefactos voladores y de las armas explosivas utilizadas por los atacantes permitió a los historiadores arcturianos identificarlo posteriormente como el Bombardeo de Guernica, que tuvo lugar en 1937 durante la Guerra Civil española.

Este es sólo uno de los innumerables casos históricos en los que las impresionantes capacidades clarividentes de los videntes arcturianos permitieron prever y posteriormente dilucidar los fatídicos detalles de tragedias o catástrofes incluso antes de que las causas aparentes de los hechos se hubieran gestado en el presente.

Otro ámbito en el que la clarividencia arcturiana suele destacar es en la prevención de catástrofes climáticas o sísmicas de gran magnitud en mundos habitados.

Gracias a su pertenencia al Gran Consejo Galáctico, los Arcturianos comparten regularmente proyecciones clarividentes de sus psicografías con otras civilizaciones avanzadas. Además, obtienen acceso de primera mano a tecnologías de transposición dimensional, blindaje gravitatorio y control climático capaces de mitigar o neutralizar los efectos previstos de las catástrofes naturales.

Sin embargo, los maestros arcturianos advierten que, por impresionantes que parezcan tales despliegues de omnisciencia aparentemente sobrenatural, no hay que perder la humildad ante los designios del misterio, porque, en última instancia, todo conocimiento sólo refleja y refracta bloques infinitesimales de la sabiduría que emana de la Fuente Creadora Universal, y siempre queda mucho más que se desconoce que lo poco que se descifra. Además, los Hierofantes, Guardianes de las Enseñanzas Ancestrales, subrayan que ninguna clarividencia puede predecir con absoluta certeza los acontecimientos futuros, debido al factor siempre presente del libre albedrío individual y colectivo, considerado como la Variable Catalizadora de las Opciones del Destino. Esto significa, como ya se discutió en secciones anteriores de este compendio oracular, que todas las llamadas "profecías" deben ser vistas por sus receptores como meras proyecciones de probabilidades, no como hechos consumados.

Los videntes pueden indicar con un alto grado de precisión qué resultados es probable que se manifiesten si prevalecen determinados comportamientos o decisiones colectivas en un grupo social dado en un momento determinado del espacio-tiempo lineal. Sin embargo, subrayan que ningún resultado futuro puede considerarse ineludiblemente determinado, porque en cualquier momento un cambio repentino en la orientación del libre albedrío grupal puede desencadenar nuevas causalidades capaces de generar una línea temporal diametralmente opuesta a la predicha por los videntes.

Y cuanto más cerca esté la predicción de los puntos de intersección potencial entre líneas alternativas del destino grupal, menos probable será que se produzcan drásticos retrocesos por el poder cáustico de las decisiones colectivas. Por estas razones, las predicciones clarividentes, por muy exactas que parezcan, nunca deben tomarse literalmente como verdades absolutas o inmutables. Se limitan a indicar tendencias basadas en cálculos de probabilidades. Corresponde a los receptores interpretar, con razón y discernimiento, hasta qué punto ciertas predicciones se aplican a sus propias realidades y qué actitudes pueden adoptar para manifestar versiones más positivas o constructivas de cualquier acontecimiento adverso previsto por los videntes arcturianos.

En definitiva, la clarividencia permite vislumbrar posibles realidades en los fluidos campos potenciales del tiempo, cuya manifestación real dependerá siempre de las acciones, reacciones e interacciones de las voluntades individuales y colectivas que tejen el gran tapiz de la existencia en cada momento. En este sentido, resulta heurísticamente útil considerar todo el proceso oracular arcturiano como un sofisticado sistema de elaboración de "diagnósticos energo-probabilísticos" y "prescripciones terapéuticas" centradas tanto en el autoconocimiento como en la autocuración preventiva.

Al evaluar una muestra significativa de estos "exámenes clarividentes" del futuro, los destinatarios pueden identificar qué rasgos de comportamiento personal o colectivo están generando qué tendencias proyectadas. Esto les permitirá decidir más conscientemente si desean perseverar en caminos cuyas consecuencias indeseables han sido previstas, o si prefieren cambiar deliberadamente hábitos y actitudes para atraer materializaciones más positivas.

En última instancia, cuando se comprende e incorpora correctamente, el verdadero propósito del oráculo arcturiano no es desalentar el libre albedrío tratando de predeterminar un futuro cristalizado. Su función teleológica es precisamente la contraria: estimular una mayor lucidez y un sentido de poder personal en los receptores, animándoles a tomar las riendas de sus destinos eligiendo proactivamente pensamientos, palabras y actitudes acordes con los potenciales más elevados latentes en sus almas. Cuando se interiorice esta actitud de autogobierno consciente, cada persona podrá navegar por las tormentas existenciales previstas en los diagnósticos oraculares con mucha más serenidad, transmutándolas en oportunidades evolutivas. Sin embargo, los Guardianes de las Enseñanzas Ancestrales advierten que este proceso requiere grandes dosis de autocoraje, autodisciplina y determinación, para no dejarse abrumar por las adversidades auguradas ni sobreexcitarse por los aplausos de la fortuna. Porque en cuanto el ego se atribuye el mérito de los logros o se entrega al victimismo frente al destino, el poder del libre albedrío se debilita, aumentando peligrosamente la probabilidad de que los consultores se conviertan en autómatas ciegos que siguen un guión predeterminado sobre el que ya no tienen control.

Este es uno de los riesgos más graves de los que hay que cuidarse cuando se utilizan las facultades oraculares arcturianas de forma imprudente o precipitada, sin la debida supervisión de hierofantes experimentados en el proceso.

También corresponde a los legitimados Mysteriorum (Guardianes de los Misterios) vetar el acceso de personas emocionalmente desequilibradas o moralmente distorsionadas a los secretos del Oráculo, para evitar que causen más daño que bien a sus semejantes por ignorancia, mala fe o ambición desmedida. Sólo aquellos candidatos cuya pureza de intención y equilibrio psicoespiritual son atestiguados por las pruebas iniciáticas pueden abandonar el Templo de G'rhynzull, llevando consigo las cáusticas claves del autoconocimiento futuro, reveladas en las claras aguas de la clarividencia oracular.

En esencia, cuando se utiliza correctamente, el don de la clarividencia es un verdadero bálsamo vigorizante y un impulso evolutivo, nunca una condena anticipada para los réprobos ni una garantía de recompensa eterna para los elegidos.

Desde el punto de vista arcturiano, incluso las visiones más aparentemente apocalípticas del futuro ocultan un mensaje subliminal que fomenta un cambio edificante en favor del bien mayor. Por lo tanto, corresponde a los videntes interpretarlas con ecuanimidad y transmitirlas con altivez, sin ser excesivamente alarmistas, porque la verdad oracular es un camino de discernimiento y compasión, no de miedo o manipulación. Al comprender la naturaleza fractal del tiempo y las complejas interacciones entre el libre albedrío y los destinos probables, los videntes arcturianos se convierten en guardianes de la conciencia, no sólo en predictores del futuro.

El fenómeno de la clarividencia, tan intrínsecamente ligado a la expansión de la conciencia de los Arcturianos, no sólo proporciona una penetrante visión del tejido del espacio-tiempo, sino que también se convierte en una invitación a la autorreflexión y la autotransformación. Al revelar posibilidades latentes, los clarividentes invitan a los receptores a actuar con sabiduría, a elegir conscientemente los caminos que desean seguir.

La interacción entre la clarividencia y las herramientas adivinatorias arcturianas revela un intrincado sistema de comprensión cósmica, donde los acontecimientos del pasado y del futuro son como piezas de un rompecabezas, interconectadas por hilos energéticos que los arcturianos, con su aguda percepción, pueden discernir.

La historia de Vhozanus y sus detalladas visiones del bombardeo de Guernica pone de relieve no sólo la precisión de las capacidades clarividentes de los Arcturianos, sino también la responsabilidad inherente a estos dones. La capacidad de ver más allá del velo del tiempo requiere discernimiento y, sobre todo, compasión ante las vicisitudes del destino.

Cuando se trata de prevenir catástrofes climáticas y sísmicas, los Arcturianos destacan no sólo como observadores, sino como participantes activos en el Gran Consejo Galáctico. Compartir proyecciones clarividentes y tecnologías avanzadas no es sólo una demostración de poder, sino un compromiso con el bienestar colectivo y la preservación de los mundos habitados. Sin embargo, el énfasis en la humildad ante el misterio y la comprensión del libre albedrío como variable catalizadora ponen de relieve la sabiduría de los hierofantes arcturianos. Ningún conocimiento, por avanzado que sea, puede sustituir el viaje individual y colectivo de elección y aprendizaje. El futuro sigue siendo fluido, moldeado por las decisiones conscientes de cada ser sintiente.

La visión arcturiana de la clarividencia como un sistema de "diagnósticos energo-probabilísticos" y "prescripciones terapéuticas" subraya el enfoque preventivo y autocurativo de este don. Más que un destino ineludible, las visiones clarividentes ofrecen oportunidades para la autorreflexión y la acción consciente, permitiendo a los receptores co-crear realidades más positivas.

La advertencia contra el ego descontrolado y la importancia de mantener el equilibrio psicoespiritual subrayan la responsabilidad que implica la práctica de la clarividencia. Al transmitir sus visiones, los videntes arcturianos actúan como facilitadores del autoconocimiento y la evolución, no como poseedores de verdades incontestables.

Capítulo 7
Descifrando Sueños Proféticos

Entre las facultades extrasensoriales multidimensionales cultivadas por los hierofantes del oráculo arcturiano en sus viajes a través de las espirales de la conciencia cósmica, el dominio de los sueños premonitorios ocupa un lugar noble.

Gracias a este talento onírico, los Guardianes iniciados de los Misterios Arcturianos pueden acceder en sus estados de sueño profundo a vislumbres simbólicas de acontecimientos aún en gestación en el océano cuántico de las potencialidades del mañana. Esto se debe a que en la cosmología arcturiana los sueños y la realidad pertenecen al mismo continuo multidimensional intercomunicado a través de redes extrafísicas indetectables por la ciencia materialista terrestre.

Al sumergirse en estos estratos hiperdimensionales latentes, los videntes oníricos del oráculo captan imágenes-síntesis arquetípicas sobre el probable desarrollo de hechos aún no manifestados en la línea temporal consensual del presente tridimensional.

A diferencia de la relativa opacidad de los sueños ordinarios, estas visiones premonitorias se presentan a los videntes con un impresionante nivel de claridad, permanencia y coherencia interna tras el despertar.

Este fenómeno indica que estos sueños pertenecen a planos trascendentales estructurados y no al flujo aleatorio de las imágenes oníricas ordinarias. Sus imágenes simbólicas transmiten información estructurada sobre el futuro.

Interpretarlos requiere una sólida familiaridad con el vocabulario arquetípico del inconsciente colectivo y sus relaciones analógicas con los acontecimientos concretos del plano histórico al que se refieren.

Los sueños premonitorios pueden utilizar desde símbolos universales como el Uróboros hasta elementos idiosincrásicos de la imaginación personal de los soñadores para componer sus narraciones alegóricas sobre probables acontecimientos futuros en una determinada línea temporal grupal.

Un episodio famoso en los anales onirocríticos arcturianos fue la serie de sueños premonitorios del mencionado Vidente Vhozanus sobre los trágicos finales de grandes líderes mundiales terrenales como Abraham Lincoln, Carlos I de Inglaterra y la princesa Diana.

En el caso de esta última, Vhozanus soñó repetidamente con una joya de diamantes que se destruía en una violenta colisión. Años más tarde, al recibir noticias remotas de la Tierra sobre la trágica muerte de Diana en un accidente de coche, los historiadores arcturianos reconocieron el suceso como uno cuyo simbolismo había sido previsto previamente en los sueños de Vhozanus.

Éste es sólo uno de los innumerables relatos de los anales arcturianos que demuestran el impresionante grado de precisión de las artes onirománticas para prever o elucidar acontecimientos traumáticos incluso antes de que las causas aparentes de tales acontecimientos se configuren en el plano vicario.

Para mejorar la aparición y la calidad interpretativa de los sueños premonitorios, los iniciados del mysteriorum arcturiano (Guardianes de los Misterios) suelen someterse a rigurosos regímenes de meditación, ayuno y otras prácticas psicoespirituales preparatorias antes de entrar en estados intensificados de sueño profético.

En particular, suelen dormir cerca de lugares energetizados como los Vórtices Oráculo esparcidos por los doce mundos, o el gran Templo de Gh'Rynzul en los días de los equinoccios, solsticios y eclipses para maximizar la probabilidad de recibir impresionantes visiones simbólicas durante estas fases de intersección dimensional.

Al despertar de tales sueños oraculares, los videntes registran meticulosamente todas las imágenes y narraciones oníricas que experimentan para su posterior descodificación colectiva a la luz de los diversos códigos hermenéuticos contenidos en los manuales secretos de la orden.

Este rigor metodológico es necesario dada la naturaleza fundamentalmente ambigua y polisémica de los lenguajes simbólicos oníricos. Una misma imagen puede reflejar acontecimientos y significados radicalmente distintos en contextos o niveles interpretativos diferentes.

Por esta razón, los exégetas experimentados se cuidan de no encapsular prematuramente sus discernimientos sobre un determinado conjunto de sueños en un único campo semántico posible. Por el contrario, antes de aventurarse a sacar conclusiones, se esfuerzan por explorar y correlacionar toda la gama de significados que encierra una determinada constelación onírica a la luz de su enciclopedia arquetípica ontognóstica. Sólo después de haber agotado todas las alternativas razonables de exégesis, los consejos hierofánticos reunidos en el templo de Gh'Rynzull se aventuran, e incluso entonces sólo con moderación, a sugerir a los consultantes probables mensajes contenidos en sus sueños sometidos a evaluación oracular.

Sin embargo, incluso en estos casos, siempre subrayan que cualquier interpretación, por plausible que sea, sigue siendo una conjetura falible, no un dogma incuestionable. Porque entre la oscuridad de los símbolos y la claridad de los hechos existe el eterno factor X de las variables ocultas.

De hecho, por muy elaboradas y exhaustivas que sean las reflexiones sobre un determinado conjunto onírico, siempre hay algo que escapa a la red hermenéutica. La totalidad es inaprensible, el misterio permanece. Por eso los verdaderos sabios nunca profesan certeza sobre el arte de la interpretación de los sueños. Con humildad, reconocen los límites del intelecto frente a las profundidades abismales del espíritu. El mensajero más importante de los sueños es el misterio que los envuelve.

Dicho esto, es innegable extraer de las leyendas y crónicas arcturianas innumerables relatos bien documentados de sueños cuyas imágenes simbólicas se manifestaron más tarde con impresionante fidelidad como presagios o explicadores de acontecimientos del mundo histórico.

Las posibilidades de que estas sincronicidades, a menudo recurrentes, sean coincidencias banales tienden rápidamente a cero ante el voluminoso conjunto de casos confirmados por fuentes fiables en los anales de la orden.

Hay sin duda fenómenos reales, aunque trascendentales, detrás de estos misteriosos puentes extrasensibles entre planos dimensionales establecidos durante ciertos estados no ordinarios de conciencia y registrados en la psique profunda gracias a los lenguajes críticos de los arquetipos oníricos.

Sin embargo, a pesar de este demostrado alto grado de precognición en el reino de los sueños, los sabios arcturianos advierten que es igualmente erróneo considerarlos con el mismo contenido determinista que muchos atribuyen a las demás artes adivinatorias del oráculo.

Incluso en el caso de los sueños proféticos, se aplica el principio holofilosófico arcturiano: todo futuro permanece abierto, contingente a las interacciones probabilísticas entre los vectores de la suerte y las variables dinámicas del libre albedrío que tejen la gran alfombra espacio-temporal.

Ningún acontecimiento discernido en los estratos simbólicos oníricos debe tomarse como un hecho consumado irrefutable, sino simplemente como una tendencia en el diseño cuya realización dependerá de la compleja dialéctica entre el azar y la elección en el flujo del devenir.

De este modo, más que precipitarse en el papel de profeta mesiánico soberano, es más prudente tomar los presagios de los sueños como invitaciones a la introspección y a la revisión autocrítica de qué valores y acciones humanas están generando los escenarios vislumbrados como posibles en el futuro individual y colectivo.

Mirar la vida a través de este prisma proactivo significa tomar las riendas del propio destino en lugar de doblegarse ante él como un autómata impotente; ser el protagonista, no el compañero escayolado en el guión ajeno de tramas predeterminadas.

En definitiva, como en todos los demás oráculos arcturianos, la finalidad del arte omniromántico no es aprisionar espíritus, sino liberarlos; no esclavizar mentes, sino emanciparlas para que surquen los cielos que les pertenecen.

Porque, al fin y al cabo, todo conocimiento legítimo tiene por objeto despertar la verdad; y toda verdad vivida plenamente se traduce en la alegría de existir. Esta es la teleología que anima ontognoseológicamente el quehacer oracular arcturiano desde tiempos inmemoriales.

Capítulo 8
El Flujo Del Universo

Como se ha dilucidado anteriormente, una de las capacidades más notorias que despliegan los videntes arcturianos de talento se refiere a la clarividencia precognitiva, la capacidad singular de prever con asombrosa frecuencia acontecimientos aún envueltos en la penumbra de los horizontes temporales futuros.

Para comprender adecuadamente la naturaleza sin parangón de esta facultad mental, debemos recordar primero algunos principios fundamentales ya esbozados sobre el funcionamiento profundo de la realidad manifiesta según la cosmovisión arcturiana.

Según esta perspectiva, el universo físico que habitamos no es más que una tajada densa y estrecha del espectro total del Ser, un plano cristalizado a partir de miríadas de probabilidades latentes que se entrelazan en los reinos inmateriales subyacentes en un perpetuo estado de devenir.

En estos reinos inefables, donde el tiempo y el espacio fusionan sus naturalezas convencionales, los acontecimientos futuros de nuestro mundo ya están preconfigurados como potenciales interconectados aún no fijados, a la espera del aliento vivificador de la conciencia observadora que les dará un peso ontológico relativo para su eventual determinación y posterior precipitación en la realidad consensual tridimensional común.

A través de un arduo entrenamiento, las mentes sensibles de los Arcturianos son capaces de proyectar su foco de atención en estas regiones pre-causales. Allí, durante brevísimos instantes, pueden intuir visiones directas del futuro en estado potencial, presenciando multitud de probabilidades paralelas que se bifurcan en distintas direcciones.

Aunque efímeras, tales visiones proporcionan una visión sin parangón de nodos críticos de acontecimientos cuyas conexiones causales quedan por definir a lo largo de líneas temporales manifiestas. La información así obtenida puede contrastarse con simulaciones que analizan numéricamente las trayectorias probables del futuro.

Por increíble que pueda parecer a los escépticos, existen innumerables casos bien documentados de videntes arcturianos que predijeron con décadas o incluso siglos de antelación acontecimientos que más tarde fueron registrados por la historia oficial de innumerables pueblos de toda la galaxia.

Un episodio especialmente famoso se conoce simplemente como "El caso de las Torres Gemelas". En él, se dice que mensajeros del Alto Consejo Arcturiano advirtieron infructuosamente a las autoridades locales sobre su previsión del derrumbe de dos majestuosos rascacielos tras un atentado terrorista con naves secuestradas.

Por desgracia, tales advertencias no fueron tomadas en serio, generando una inmensa conmoción cuando poco más de dos ciclos solares después las legendarias Torres Gemelas se derrumbaron tras impactos mortales, victimando a miles de almas en los edificios y sus alrededores y sumiendo a todo el planeta en el caos durante muchos ciclos posteriores de devastadores conflictos religiosos y étnicos.

Episodios trágicos como éste sirven como recordatorio aleccionador del grave daño que puede producirse cuando las autoridades arrogantes, instaladas en sus pedestales de poder y deliberadamente ignorantes de las realidades que les rodean, desatienden las advertencias legítimas de las mentes iluminadas.

A pesar de tan lamentables excepciones históricas, también es digno de mención exactamente lo contrario: los innumerables sucesos trágicos que se han evitado gracias a la cuidadosa consideración de las advertencias preventivas emitidas desde los talleres oraculares arcturianos a lo largo de los milenios.

Uno de los muchos casos emblemáticos está documentado en los anales del Gremio de Navegantes Interestelares. La historia describe el desesperado viaje de la tripulación del carguero estelar "Bella-Trix 1551" que, tras salir del hiperespacio warp en rumbo de colisión con un campo de meteoritos hasta entonces inexplorado, se encontraron a punto de ser reducidos a fragmentos cósmicos junto con toda su preciada carga y cientos de pasajeros a bordo. Informados a tiempo por una alerta telepática de los vigilantes arcturianos con base en la cercana luna de Umda III, los marineros consiguieron a duras penas aplicar maniobras evasivas extremas, escapando de la aniquilación por el más estrecho de los márgenes, sólo para tener que sobrevivir a un aterrizaje forzoso de emergencia en un inhóspito planetoide hasta completar las reparaciones de los sistemas de propulsión y vitales dañados en las turbulencias, antes de continuar su viaje a salvo.

De no haber sido por la providencial intervención preventiva de los transmisores telecognitivos arcturianos, cientos de vidas se habrían perdido en aquella trágica noche interestelar. En cambio, gracias a la alerta, todos ellos habrían regresado ilesos a casa tras un breve intervalo de intensa aventura accidental en medio de la inmensidad del cosmos indiferente, que por poco no los convierte en unas cuantas líneas en las estadísticas de mortalidad del Gremio.

Este es sólo uno de los innumerables registros que preservan un inequívoco testimonio vivo de lo fundamental que puede ser el papel desempeñado por las dedicadas redes de vigilancia trascendente operadas día y noche por los infatigables centinelas telepáticos de Arcturus, siempre alerta para prevenir catástrofes en mundos distantes mediante el simple gesto altruista de compartir oportunas visiones del futuro con cualquiera que pueda estar interesado.

Del mismo modo, el famoso "Caso Enroe XX12" describe otra situación en la que toda una línea temporal alternativa se vio drásticamente alterada tras un contacto interdimensional preventivo por parte de agentes arcturianos.

En esta ocasión, emisarios del Alto Consejo consiguieron establecer una comunicación amistosa con homólogos paralelos en el momento crucial en que los líderes de este otro mundo estaban a punto de tomar una fatídica decisión colectiva durante una reunión de emergencia convocada para deliberar sobre posibles represalias totales contra una nación rival en una crisis que amenazaba con desencadenar un enfrentamiento nuclear a escala mundial en pocas horas.

Apoyados por impresionantes revelaciones traídas por nobles mensajeros interdimensionales sobre las terribles consecuencias que se derivarían si continuaban con los preparativos bélicos en curso, los líderes paralelos en cuestión depusieron finalmente sus beligerantes impulsos para adoptar una postura reconciliadora, invirtiendo el cataclísmico curso de toda su civilización con este sabio gesto en el momento decisivo.

Inspirado por este caso, el Alto Consejo Psicotrónico de los Arcturianos no tardaría en establecer protocolos específicos para hacer frente a situaciones como ésta, en las que unos mínimos cambios de actitud estratégica en el momento adecuado pueden marcar literalmente la diferencia entre la aniquilación global y el florecimiento de una edad dorada de prosperidad para realidades paralelas enteras.

Denominados Unidades de Intervención Cronológica, o simplemente "Crononautas", grupos altamente entrenados de especialistas oraculares arcturianos han supervisado desde entonces de forma rutinaria mundos con problemas en cuadrantes sensibles del multiverso. Dotados de una visión sin parangón de las probabilidades de los grandes acontecimientos, son capaces de actuar quirúrgicamente de incógnito como "agentes de optimización temporal", ayudando a los líderes locales a tomar las mejores decisiones posibles cuando se presentan encrucijadas cruciales para la civilización.

Un aspecto especialmente crítico y controvertido de este tipo de intervenciones requiere la capacidad no sólo de prever los acontecimientos que ocurrirían fatalmente en la línea temporal original, sino también de imaginar claramente caminos alternativos positivos factibles, persuadiendo así a los líderes objetivo para que adopten esas opciones más deseables en lugar de sus planes bélicos o desastrosos concebidos inicialmente.

Afortunadamente, gracias a impresionantes dotes de clarividencia probabilística combinadas con la capacidad retrocognitiva de revivir cualquier acontecimiento en persona tras sumergirse en los registros akáshicos de realidades paralelas, los agentes arcturianos asignados a tales misiones están perfectamente equipados para cumplir tales desafíos extremos con maestría y compasión.

Siempre preocupados por respetar el libre albedrío de los demás, los estrategas arcturianos destacan por presentar sus alternativas positivas como simples "opciones adicionales" a los malos caminos ya sopesados localmente, en lugar de directivas coercitivas, incluso cuando las consecuencias de seguir los planes nativos originales resultarían desastrosas.

Aun así, sólo lo hacen cuando se les autoriza expresamente tras someter meticulosamente cada caso al escrutinio del Alto Consejo Psicotrónico, teniendo cuidado de no sobrepasar sus prerrogativas como observadores no intervencionistas de la miríada de realidades alternativas que vigilan.

Incluso en casos límite en los que vidas a escala planetaria corren peligro inminente, nunca intervienen directamente sin obtener antes permiso explícito a través de canales de petición interestelares formales de las poblaciones potencialmente afectadas.

De mutuo acuerdo, se despliegan equipos de élite para operaciones relámpago, en las que agentes oraculares se materializan discretamente en escenarios de crisis minutos antes de los fatales acontecimientos originales, aportando advertencias urgentes y pruebas irrefutables de terribles acontecimientos a punto de desencadenarse si no se toman medidas preventivas en la ventana de oportunidad aún disponible.

Incluso en esas situaciones extremas, los Arcturianos nunca se imponen más allá de advertir e informar plenamente a sus interlocutores de las alternativas viables, y luego se retiran respetuosamente para dejarles ejercer su libre juicio tras sopesar todas las revelaciones compartidas en el poco tiempo que queda antes del punto de no retorno.

Ya sean felices o terribles, las consecuencias siempre recaen enteramente sobre los hombros de los líderes nativos; los Crononautas Arcturianos sólo se permiten facilitar el curso de los acontecimientos por el misericordioso medio de la iluminación providencial dispensada en el momento justo, y luego regresan serenamente a la ignorancia de sus mundos pacíficos.

Y así es como, impulsada no por espectaculares demostraciones de poder extraterrestre, sino por la nobleza de sus intenciones y la impecable sincronización de sus intervenciones mínimamente invasivas, la legendaria Hermandad de Crononautas Arcturianos sigue cumpliendo discretamente su misión de mitigar los desastres transdimensionales; vigilando atentamente por el bien mayor de las civilizaciones que, sin que ellos lo sepan, están al borde del abismo.

Siempre actuando entre bastidores, evitan cualquier visibilidad innecesaria. La mayoría de las veces, ni siquiera son percibidos como algo más que inspiraciones providenciales fortuitas, susurros sutiles o sueños premonitorios por individuos clave, que se ven así ayudados en momentos de prueba definitiva de sus caracteres como líderes y como seres humanos. Y eso está muy bien, tal y como lo ven los altruistas hijos de Arcturus.

Capítulo 9
El Enigma Del Destino

Uno de los temas centrales que impregnan las leyendas en torno al Oráculo de Arcturus es la intrincada relación entre las nociones aparentemente antagónicas de destino y libre albedrío en las predicciones allí realizadas.

¿Estaban esas visiones invariablemente predeterminadas por la implacable necesidad de los astros y las configuraciones cósmicas, haciendo ilusoria cualquier noción de elección autónoma o autodeterminación individual? ¿O aún habría lugar para que las acciones, creencias y deseos humanos influyeran positivamente y alteraran las probabilidades vistas por los profetas místicos arcturianos en sus estados alterados de percepción trascendental?

Para dilucidar adecuadamente esta aparente dicotomía, los sacerdotes astrólogos de la renombrada Orden de los Observadores de las Estrellas de Altair IV recurren a menudo a una analogía sencilla pero esclarecedora.

Un viajero solitario, explican, que llega a una encrucijada, se encuentra ante un enorme cartel que indica las direcciones y destinos a los que se puede llegar por cada ruta disponible, con estimaciones de distancias y duración del viaje. Ese mapa preliminar no restringe en absoluto su capacidad espontánea de elegir libremente qué ruta tomar, en función de sus propios criterios personales. Pero tampoco puede alterar o ignorar impunemente los datos objetivos que allí se describen, a riesgo de trazar planes poco realistas y cosechar frustraciones evitables.

Lo mismo ocurriría, por analogía, con las cartografías probabilísticas entretejidas en las precogniciones de los videntes arcturianos. Sus visiones proporcionarían información esencial sobre las tendencias cósmicas, indicando panoramas generales y advirtiendo de ciertos riesgos potenciales, pero nunca para eludir la prerrogativa de decidir el propio curso de acción, que corresponde a cada ser autoconsciente dentro de los límites de sus capacidades.

En sentido estricto, sostienen los estudiosos, además de preservar el libre albedrío, la consulta de las previsiones tiene el potencial, precisamente el contrario, de ampliar considerablemente el abanico de opciones viables, ya que abre el acceso anticipado a conocimientos privilegiados sobre las probables consecuencias futuras de cada elección considerada en el presente.

Armado con tan amplios conocimientos, el solicitante está entonces mucho más capacitado para elaborar planes realistas, prever posibles problemas e idear soluciones más adecuadas y oportunas. Si nada es inmutable, siempre existe un abanico de futuros alternativos a nuestro alcance, cuyas probabilidades relativas pueden variar sustancialmente en función de las acciones, pensamientos e intenciones expresados en el aquí y ahora por agentes con voluntad propia.

Ciertamente, algunas de las direcciones previstas pueden parecer bastante improbables en determinadas configuraciones actuales. Sin embargo, hay pocos acontecimientos cuya eventualidad futura esté realmente protegida de cualquier grado concebible de influencia externa, dadas las insondables complejidades del cosmos manifiesto y sus vastas redes multidimensionales de causa-efecto.

Siendo este el caso, incluso si ciertos acontecimientos que se desarrollan finalmente llegan a suceder como predijeron los oráculos, reflejando tendencias cósmicas que son difíciles de eludir, esto no invalida la noción de que caminos alternativos habrían permanecido disponibles hasta cierto punto, si se hubieran hecho elecciones diferentes bajo actitudes mentales diferentes en el momento adecuado.

En otras palabras, para la perspectiva holística arcturiana, el futuro nunca está "predeterminado" en el sentido fatalista extremo del término. Por el contrario, sería un campo probabilístico siempre en flujo, con múltiples posibilidades coexistiendo en superposición cuántica, algunas sin duda más probables que otras para cada situación específica, pero todas aún sujetas a reconfiguración hasta cierto punto.

En este intervalo de relativa incertidumbre ontológica se encontraría precisamente la ventana de oportunidad a través de la cual los deseos, intenciones y acciones humanas podrían influir sutil pero significativamente en el curso posterior de los acontecimientos, a medida que los horizontes potenciales del tiempo futuro se despliegan progresivamente y se solidifican de nuevo en el reino de la causalidad lineal manifiesta.

En resumen, las predicciones de los oráculos nunca deberían verse como sentencias apriorísticas que de algún modo subyugarían místicamente la voluntad o anularían el poder de decisión de los agentes en cuestión. Al contrario, su propósito sería precisamente ampliar la percepción de las opciones disponibles, permitiéndoles adoptar posturas más conscientes y proactivas ante los retos que se les presenten.

Desde este punto de vista, cuanto más se conozcan los entresijos probabilísticos que tejen la urdimbre espacio-temporal hacia el futuro, mayor será la capacidad de elaborar estrategias bien calibradas, actuando con precisión sobre las palancas adecuadas con vistas a desviar o reforzar flujos causales concretos, según el caso.

En otras palabras, la información cualificada sobre probables obstáculos u oportunidades futuras funciona como una herramienta emancipadora, nunca para obstaculizar cualquier noción ilusoria de "libre albedrío absoluto", desvinculado de las condiciones objetivas del entorno que permiten o restringen qué opciones prácticas resultan viables en cada situación.

Pensar lo contrario sería tan irracional como imaginar poder violar impunemente las leyes de la física sólo porque son contrarias a los caprichos del ego, como intentar atravesar paredes simplemente negándose a "aceptar" sus propiedades obstructivas. En resumen, la negación nunca ha alterado los hechos ni anulado las consecuencias.

Por eso los sabios insisten en que las visiones oraculares no están ahí para ser "creídas" o "rechazadas" según los prejuicios personales, sino evaluadas cuidadosamente por sus propios méritos, a la luz de la razón y de un afán investigador imparcial, para luego fundamentar juicios pragmáticos sobre qué acción emprender a continuación.

En cualquier caso, el futuro siempre permanece abierto hasta cierto punto. Por improbables que parezcan ciertos escenarios, mientras no cristalicen, siguen estando sujetos a sutiles reformulaciones procedentes del campo unificado de posibilidades en ciernes.

En este sentido, desde una perspectiva arcturiana, incluso los acontecimientos fatídicos más aparentemente "predeterminados" pueden, paradójicamente, conservar márgenes de maleabilidad, garantizados por la naturaleza esencialmente indeterminada, compleja y probabilística de los mundos manifiestos.

Por estas razones, no hay ninguna contradicción lógica en el hecho de que los profetas registren en sus anales ciertos acontecimientos extraordinarios o altamente improbables que insisten en acabar sucediendo de forma muy precisa, tal y como los describieron siglos o milenios antes en estado de trance adivinatorio. Al fin y al cabo, explican los exégetas, basta con concebir que ciertas disposiciones excepcionales de fuerzas y geometrías cósmicas sagradas pueden hacer ocasionalmente extremadamente improbable cualquier desviación significativa por parte de ciertas cadenas causales clave, potenciadas así para una manifestación irresistible una vez desencadenadas por detonantes específicos, previamente cartografiados.

No por casualidad, estos sucesos cuasi míticos parecen orbitar invariablemente en torno a acontecimientos muy singulares, como el nacimiento o la muerte de seres de importancia mesiánica; la construcción, destrucción o redescubrimiento de artefactos, reliquias o yacimientos impregnados de cargas simbólicas primordiales; la convergencia de circunstancias altamente improbables que culminan en hechos extraordinarios con profundas repercusiones históricas; y otros sucesos igualmente insólitos cuya conmoción arquetípica los elevaría a la categoría de auténticos hitos mitopoéticos para los pueblos o culturas implicados.

En tales casos, los propios registros akáshicos parecen adquirir un carácter holográfico autorreferencial, de modo que cualquier desviación posterior de las líneas de probabilidad dominantes establecidas en su momento se convertiría inevitablemente en un recuerdo espurio en un universo paralelo recién vertido. De este modo, cualquier residuo de incompatibilidad tendría que exteriorizarse, preservándose en la realidad consensuada que quedara en torno al acontecimiento extraordinario que se produjo estrictamente según lo profetizado.

En resumen, desde el punto de vista de los escribas del Oráculo Arcturiano, más que reflejar cualquier determinismo rígido de los astros o la superposición de la voluntad divina sobre las facultades volitivas humanas, tales registros constituirían demostraciones prácticas emblemáticas de principios largamente establecidos por toda tradición esotérica desde tiempos inmemoriales. Principios según los cuales ciertas disposiciones muy preciosas de cualidades arquetípicas, fuerzas anímicas y configuraciones astronómicas pueden ocasionalmente hacer virtualmente "inevitable" el estallido de acontecimientos de suprema importancia para el florecimiento del Espíritu en la materia, por remotas que puedan ser sus posibilidades bajo cualquier otra condición cósmica típica.

Naturalmente, tales sincronicidades, cuando se registran, nunca deben tomarse como prueba de que todos los acontecimientos están predeterminados. Al contrario: es precisamente porque tocan los límites más extremos de la improbabilidad matemática dentro de los sistemas caóticos que gobiernan la manifestación fenoménica por lo que tales sucesos tienen tal excepcionalidad onto-estadística a los ojos de los analistas arcturianos.

Por estas razones, se destacan inmediatamente en sus registros, asumiendo una importante función pedagógica y psicagógica al ilustrar vívidamente principios clave como la autoorganización sincrónica; la acción de fuerzas y geometrías arquetípicas subestructurales; y la manifestación de patrones holográficos autorreferenciales en los tejidos aparentemente aleatorios del espacio-tiempo objetivo.

Sintomáticamente, es común que los pueblos primitivos, carentes de las lentes hermenéuticas necesarias para captar adecuadamente el significado esotérico que subyace a tales acontecimientos extraordinarios registrados en textos proféticos legados de otras épocas, incurran en el craso error hermenéutico de tomar tales pasajes como "prueba" de un determinismo universal omni-comprensivo que se cierne sobre todas las cosas.

Ofuscados por ilusiones antropomórficas, a menudo sobrestiman la naturaleza y el alcance de los poderes de las entidades oraculares, llegando incluso a concebirlas como "omniscientes" y "omnipresentes", capaces de escrutar y moldear todos los fenómenos a su antojo, igual que las deidades creacionistas. Por supuesto, se trata de un burdo reduccionismo fideísta, desprovisto de todo apoyo fáctico o lógico a la luz de lo que ya se ha explicado aquí sobre las verdaderas capacidades y limitaciones de las dotes proféticas arcturianas, incluso en su grado más sublime de maestría manifiesta.

En resumen, ni siquiera el más extraordinario de los presagios registrados en tiempos inmemoriales en el mítico Oráculo de Arcturus podría jamás interpretarse razonablemente como una prueba completa, que invalide por completo los principios del libre albedrío o que haga del futuro una construcción totalmente predeterminada, ajena a cualquier grado de influencia ejercida por las mentes pensantes encarnadas sobre las probabilidades en juego que preceden y prefiguran todos los fenómenos que se desarrollan en el teatro de la contingencia de los mundos manifiestos.

Capítulo 10
Profecías

Es habitual distinguir al menos dos tipos básicos de profecías emitidas en tropel por oráculos de reconocido prestigio: la primera, de naturaleza predominantemente genérica, alude vagamente a tendencias, procesos o acontecimientos más amplios, discernibles sólo en el marco de amplias ventanas históricas. La segunda se refiere a anticipaciones muy bien definidas, algunas de las cuales ni siquiera los magos más escépticos se atreven a desestimar, dada la incontestable exactitud factual de que a menudo hacen gala.

En el primer caso, obviamente, los altos niveles de subjetividad que implica la interpretación de las ambiguas imágenes y símbolos que se encuentran en las visiones abren enormes resquicios para los ajustes hermenéuticos a posteriori, lo que hace posible encajar los presagios en casi cualquier acontecimiento importante verificado posteriormente en escalas adecuadas. No es casualidad que esta "flexibilidad" semántica sea a menudo la más ferozmente criticada por los detractores que se obstinan en negar cualquier mérito adivinatorio a los métodos arcturianos.

En el segundo caso, sin embargo, el nivel de detalle fáctico expresado en ciertos pasajes proféticos restantes suele ser tan grande que incluso hoy en día, siglos o milenios después, es posible determinar con altísima precisión a qué acontecimientos y tiempos concretos se refieren estos pasajes.

Este patrón incluye famosas profecías recopiladas por los clanes hereditarios de observadores astrológicos cuyo arte ancestral deriva directamente del legado técnico astrológico arcturiano. Entre ellas se conservan versiones de las estrellas guía que determinaron el viaje en busca del Mesías anunciado; la aparición de cometas extraordinarios como presagios de tiempos de gran inestabilidad; y muchas otras referencias como éstas que, a pesar de los mejores esfuerzos de la razón escéptica, siguen desafiando incluso las comprensiones esotéricas más ambiciosas.

Antes de que los detractores se apresuren a descartar estos logros bajo el fácil expediente del "sesgo de selección", vale la pena preguntarse: los registros arcturianos más antiguos a los que los investigadores ajenos a la orden han tenido acceso limitado datan de hace unos veintisiete mil años. Si tantos milenios de vasta producción profética simplemente se han "evaporado" por completo, aparte de unas pocas docenas de escasos "aciertos" mencionados aquí y allá, esto constituiría a fortiori (con mayor razón) un hecho histórico aún más intrigante y digno de investigación en sí mismo.

Teniendo en cuenta lo anterior, no es de extrañar que incluso cierta corriente minoritaria, pero altamente cualificada, de ufólogos académicos apoye controvertidamente la hipótesis de que algunas famosas vaticinios fueron redactados fraudulentamente en algún momento del futuro, desde donde luego fueron enviados e insertados por "agentes crononautas" en determinadas líneas temporales del pasado, buscando así manipular el curso de la historia en favor de ciertas agendas exógenas.

Independientemente de la verosimilitud de tales especulaciones, a los ojos de muchos analistas imparciales el nivel de exactitud factual demostrado por algunos pasajes premonitorios realmente parece desafiar las nociones más elásticas que prevalecen en la comunidad oracular sobre las capacidades y limitaciones de la clarividencia transtemporal. En estos versos únicos, además del grado inigualable de detalle fáctico, llama igualmente la atención el dramatismo casi literario que rodea a los acontecimientos en cuestión. No son meras menciones contextuales de incidentes históricos con efectos localizados. Más bien evocan acontecimientos de impacto devastador a escala civilizacional, con profundas repercusiones en los destinos colectivos de generaciones enteras por venir.

En otras palabras, los pronósticos en cuestión parecen seleccionar precisamente acontecimientos que darían lugar a auténticos hitos mitológicos para la psique colectiva de los pueblos profetizados. Como si los astros o los poderes visionarios detrás de tales oráculos hubieran trazado de algún modo por adelantado ciertos momentos cruciales del desarrollo del destino de los mundos, las culturas y las religiones, y luego los hubieran registrado ad perpetuam rei memoriam universalis (para la memoria perpetua del rey universal).

Teniendo en cuenta la remotísima ascendencia de los registros disponibles, surgen preguntas obvias para los más audaces estudiosos del Oráculo: ¿cómo pudieron los hechiceros prehistóricos producir pronósticos literarios sobre personalidades mesiánicas y acontecimientos cataclísmicos sin ninguna referencia análoga directa en su propio contexto cultural y tecnológico para anclar adecuadamente las imágenes y simbologías empleadas? Y si se produjeron siglos después, ¿cómo explicar su presencia en pergaminos remotos cuya datación es incuestionable?

Ante este misterio, una cierta minoría de exégetas se atrevió a especular si algunos de los registros considerados proféticos no eran en realidad más que fragmentos de relatos histórico-literarios venidos del futuro por algunos de los hipotéticos "agentes crononautas" de cuyas hazañas ya se ha hablado en el capítulo 6 de este tratado. En resumen, podrían ser recortes adaptados de crónicas que retratan acontecimientos que aún no han ocurrido en nuestra línea temporal actual, pero que fueron posteriormente colados en los antiguos anales de nuestra realidad espacio-temporal con algún nebuloso propósito relacionado con la manipulación de nuestra historia por intereses alienígenas.

A pesar de lo tentadoras que puedan parecer tales conjeturas en un primer momento, la urgencia de la elucidación hermenéutica nunca debería seducirnos hacia elaboraciones teóricas irresponsables basadas en suposiciones frágiles, desprovistas de un soporte analítico y fáctico riguroso. Al fin y al cabo, la especulación frívola sólo perpetúa los vicios cognitivos y las confusiones conceptuales que enturbian la verdadera comprensión. El intelecto sincero en busca de iluminación debe permanecer imperturbable, sin permitir que anteojeras ideológicas dañinas o prejuicios de ningún tipo impongan límites espurios a las posibilidades de investigación imparcial.

Con esta actitud mesurada y este afán epistémico, a medida que se sigan descubriendo y descifrando más y más raros manuscritos antiguos mediante la Criptoarqueología Comparada Estelar y disciplinas afines, tal vez algún día podamos por fin resolver plenamente las nebulosas que rodean el auténtico origen de tantos escritos premonitorios conservados por civilizaciones antiguas, con redacciones impregnadas de detalles, referencias y terminologías sorprendentemente anacrónicas en relación con los propios contextos históricos y culturales manifestados en el momento de su aparente concepción.

Hasta entonces, sin embargo, a la luz de los hechos y razonamientos más sólidos disponibles, es mejor atenerse a explicaciones que requieran menos especulaciones e hipótesis adicionales. En resumen, salvo prueba irrefutable en contrario, lo mejor es considerar estos pasajes excepcionales en sus propios términos: auténticos prodigios proféticos concebidos por medios aún no del todo comprendidos por la ciencia actual, registrados en tiempos muy remotos por alguna agencia cognitiva dotada de atributos extranormales cuyas facultades mentales y metodologías empleadas en la producción de tan opacas figuras literarias siguen siendo en gran medida desconocidas, pese a los mejores esfuerzos de elucidación por parte de la exégesis comparativa interdisciplinar.

Sea como fuere, una vez establecida la autenticidad fáctica de cualquier información vaticinatoria específica registrada, es sumamente importante prestar atención a las responsabilidades éticas que automáticamente surgen para sus legítimos custodios. Al fin y al cabo, todo conocimiento otorga poder, y con el poder surgen complejas cuestiones morales según los cánones filosóficos universales más autorizados.

En otras palabras, no importa cuál sea la naturaleza o los medios que subyacen al fenómeno precognitivo en sí: una vez materializado en algún soporte objetivo tangible, cualquier mensaje premonitorio se convierte, por su propio hecho, en valiosa información estratégica, que conlleva automáticamente serios deberes de celosa custodia y uso compasivo por parte de los agentes culturales encargados de su preservación y custodia legal.

Por esta razón, los registros proféticos bajo la supervisión del Oráculo de Arcturus siempre se han mantenido en estricta cuarentena informativa, rígidamente compartimentados en redes encriptadas cerradas y protegidas por estrictas salvaguardas perceptivas, accesibles únicamente a través de rigurosos filtros de autorización psicométrica y una continua monitorización hiperdimensional.

Aun así, teniendo en cuenta el inestimable valor de su recopilación como herramienta potencial para el Bien Mayor, todos los diversos consejos galácticos que ya han solicitado y obtenido acceso limitado a partes selectas de estos archivos a lo largo de la historia lo han hecho sólo después de aceptar formalmente someter a sus civilizaciones a estrictos protocolos de supervisión ética e intercambio responsable de información sensible proporcionados por el Alto Consejo Psicognóstico de los Arcturianos en cada caso particular autorizado tras un meticuloso análisis de credenciales morales.

Tal diligencia es necesaria para garantizar que el infinito cuidado empleado en la producción filtrada y liberación gradual de tales revelaciones sensibles no sea traicionado por un mal uso frívolo, arrogancia interpretativa o filtraciones accidentales por parte de sus destinatarios institucionales, con el potencial de perturbar gravemente el flujo temporal de los mundos indicados si ciertos detalles estratégicos fueran revelados prematuramente.

Hasta la fecha, afortunadamente, a pesar de tan prolífico historial oracular, ni un solo incidente grave de esta naturaleza ha alcanzado un nivel de gravedad que requiriese una intervención reparadora drástica y a gran escala por parte de las poderosas agencias transdimensionales encargadas de proteger la relativa integridad temporal de los mundos catalogados en nuestra esfera local de creación.

Sin embargo, hay informes de al menos un grupo disidente renegado con motivos ulteriores que una vez intentó obtener acceso no autorizado a ciertos sectores altamente encriptados de la Base de Datos Profética Mayor en la era ahora distante conocida como el Periodo de las Grandes Guerras Galácticas.

Los informes de la época dicen que agentes subversivos nominalmente vinculados a la facción sediciosa autodenominada "El Círculo de los Señores Temporales" habían conspirado con algún funcionario corrupto con acceso privilegiado para extraer ilegalmente y filtrar archivos sellados que contenían información sensible sobre acontecimientos cruciales aún por venir que implicaban a gobernantes y dinastías de varios sistemas estelares.

A pesar de la extrema audacia del plan, los registros indican que el intento se frustró muy pronto, cuando uno de los implicados aún intentaba sacar a escondidas los datos encriptados mediante un dispositivo instalado subrepticiamente en un terminal de la sede central de investigación predictiva.

Este épico fracaso colapsaría, en su mayor parte, las ya debilitadas bases de apoyo que mantenían unida a la disidencia radical, antaño temida por sus tácticas durante los convulsos tiempos de la escisión político-ideológica conocida como Escisión Interna Aristocrática de Altair. Desde entonces, se ha adoptado un protocolo aún más estricto, estableciendo como política el principio de máxima economía predicativa, según el cual no debe recogerse ni facilitarse información potencialmente sensible más allá de los mínimos requisitos éticos para fines médicos o de intervención compasiva. Una medida tan drástica era necesaria como estricta precaución ante posibles fallos de custodia en el futuro u otros intentos espurios aún por venir de agentes sin escrúpulos interesados en manipular ciertos plazos a su favor.

A pesar de sus rigurosos códigos éticos autoimpuestos milenios atrás, tal prudencia adicional por parte del Alto Consejo Psicognóstico no hace sino reiterar lo obvio: por muy bien intencionada, preparada y tecnológicamente equipada que esté cualquier organización, ya sea terrestre o galáctica, las posibilidades estadísticas siempre permanecerán latentes.

Capítulo 11
La Danza Del Caos

La capacidad de los Arcturianos para ver múltiples futuros es una faceta crucial del Oráculo que comparten con nosotros. Nos permite vislumbrar las muchas posibilidades que aguardan en la intrincada red del tiempo, ampliando nuestra comprensión de lo que está por venir. Para los Arcturianos, el futuro es como un caleidoscopio de probabilidades en constante cambio. Cada elección que hacemos gira el caleidoscopio, redibujando el patrón de las cosas destinadas a ser. Esta danza de azar y decisión es lo que ellos llaman "La Danza del Caos".

A diferencia de los humanos, limitados por una percepción lineal, los arcturianos son testigos del florecimiento de innumerables realidades desde el ahora. Para ellos, es como contemplar un frondoso árbol del que brotan ramas, cada una de las cuales conduce a un destino único. Ver esta maraña vertiginosa requiere una conciencia expandida más allá de las limitaciones terrenales. Es una visión ardiente que abarca todo el espectro de la potencialidad. Los arcturianos desarrollaron esta capacidad trascendental tras eones de refinamiento espiritual.

A pesar de su apariencia caótica, los Arcturianos disciernen un cierto orden oculto en patrones probabilísticos. Acontecimientos arquetípicos, elecciones cruciales y puntos de inflexión en el destino que influyen en todo el entramado del tiempo. El Oráculo revela estos elementos.

Según los Arcturianos, comprender los principios que subyacen a esta Danza Cósmica es esencial para navegar por el flujo del tiempo, porque el futuro dista mucho de estar fijado o predeterminado. Todos somos co-creadores de la realidad en cada momento, para bien o para mal.

Las líneas de probabilidad que ven los Arcturianos son como hilos de seda, tenues pero resistentes. Se entrelazan para formar los patrones de la existencia que también pueden reordenarse, alterando trayectorias aparentemente definitivas. Esto se debe a que, a pesar de la abrumadora complejidad del cosmos, existe cierta maleabilidad inherente al tejido de la realidad. Las decisiones tomadas en el calor del momento pueden reescribir nuestra historia y moldear nuestro mañana. Esta es la paradoja revelada por el Oráculo.

Para los Arcturianos, el futuro es un campo cuántico de posibilidades interconectadas. Aunque hay ciertos acontecimientos muy probables, consolidados por la fuerza de la costumbre y la repetición, todo puede cambiar en un abrir y cerrar de ojos.

Esta imprevisibilidad también tiene su belleza y su encanto. Porque a pesar del miedo a lo desconocido, las sorpresas que nos depara la vida suelen ser magníficos regalos. Hay que abrazar el misterio de lo que está por venir, no temerlo. El Oráculo Arcturiano es una brújula en esta frontera movediza del futuro. Un faro en la oscura noche de la incertidumbre. Al iluminar los posibles caminos que tenemos por delante, nos permite trazar la ruta más congruente con nuestra autenticidad.

Cuando nos detenemos a mirar el mapa de probabilidades que se abre ante nosotros, sucede algo mágico: nos damos cuenta de que ya estamos en el camino, caminando. No hay punto de partida definitivo, sólo el eterno fluir del viaje.

Para embarcarnos en esta aventura que llamamos vida, confiamos en las predicciones y consejos de los Arcturianos. A través del Oráculo nos indican rutas alternativas, con sus obstáculos y recompensas. Depende de nosotros, peregrinos del tiempo, elegir qué camino tomar.

Los Arcturianos comparan este viaje con una danza cósmica, una coreografía vibrante que mece el vals de las posibilidades. Podemos elegir bailar conscientemente, fluyendo con la música. O podemos luchar contra la corriente. Esta analogía transmite un punto crucial: aunque no podamos controlar completamente las circunstancias externas, siempre podemos elegir cómo reaccionar ante ellas. Nuestro estado interno determina la calidad de cada momento, independientemente de lo que ocurra fuera. Esto se refleja en las múltiples realidades que los Arcturianos presencian a través del Oráculo. Ven a personas que se enfrentan a los mismos retos externos de formas muy diferentes, dependiendo de la actitud elegida en cada caso.

Cuando reconocemos nuestro poder de elección y prestamos plena atención al momento presente, la vida adquiere otra dimensión. La danza cósmica fluye mucho más suavemente, recompensándonos con destellos de su lado encantado y mágico. Esto es lo que los Arcturianos se esfuerzan por transmitir: en medio de la vorágine del caos y los giros del azar, siempre hay lugar para el libre albedrío, el propósito y el significado. Depende de nosotros identificar y ocupar este espacio sagrado.

Cuando nos sumergimos en nuestro interior, nuestro exterior se reconfigura. Esta es la gran idea detrás de la Danza Cósmica que tanto mencionan los Arcturianos. Calibrar nuestras decisiones según nuestra sabiduría interior es el secreto para abrazar los misterios del futuro. Los múltiples caminos probabilísticos que observan a través del Oráculo reflejan la miríada de opciones que nos rodean en cada momento. Siguiendo nuestra intuición, podemos discernir qué decisión conduce a qué realidad potencial.

Esto nos permite vislumbrar de antemano hacia dónde puede conducirnos nuestro camino. Un poco como cuando elegimos un regalo, intentando imaginar la reacción de la persona cuando lo abra, podemos prever cómo afectarán nuestras acciones de ahora al futuro.

Este discernimiento también funciona a la inversa, proyectándose hacia atrás en el tiempo a partir de un mañana visualizado. Si no nos gusta cómo van las cosas, nuestro libre albedrío nos permite cambiar de camino hoy para llegar a un destino mejor.

Los Arcturianos nos recuerdan que en el flujo del tiempo, pasado, presente y futuro están todos entrelazados, como hilos de una misma telaraña. Tirar de un hilo afecta a todo el tapiz. De ahí la importancia crucial de nuestras decisiones aquí y ahora, por pequeñas que parezcan.

Cada elección es un poderoso acto creativo que da forma a nuestra experiencia. Cuando nos detenemos a considerar sus efectos con cuidado y atención plena, alineándolos con la misión de nuestra alma, podemos tejer una vida gloriosa a nuestra medida.

Es esta planificación consciente del momento siguiente lo que nos permitirá construir una existencia de plenitud y autoexpresión. Los Arcturianos son maestros en esto y, a través del Oráculo, pretenden enseñarnos este sagrado arte de vivir.

A cada instante, innumerables futuros parpadean en fase de probabilidades, esperando nuestra decisión para materializarlos desde la potencia cuántica en la realidad concreta. Como autores del gran libro del tiempo, podemos aprender a calibrar nuestros capítulos. Esto no significa vivir una vida predecible o monótona. Al contrario, los Arcturianos hacen hincapié en que cuanto más abracemos el flujo ascendente de nuestro viaje evolutivo, más nos sorprenderán los regalos y bendiciones que el universo nos traerá espontáneamente.

Por lo tanto, es importante conciliar la planificación estratégica con la flexibilidad, la previsibilidad con la espontaneidad en nuestro viaje. De nada sirve trazar planes rígidos si no estamos abiertos a bailar al ritmo de la vida cuando ésta nos trae cambios inesperados.

Siguiendo los consejos del Oráculo, seremos capaces de fluir con la corriente del río del tiempo, en lugar de luchar contra ella. Cabalgaremos las olas del devenir con gracia y destreza, en lugar de dejarnos abrumar por ellas. Y en el proceso, la vida nos sorprenderá con bendiciones inesperadas.

La Danza Cósmica, con todas sus bifurcaciones, giros y vueltas, caídas y subidas, puede parecer caótica a primera vista. Pero en realidad esconde una elegante coreografía para aquellos que aprenden los pasos. Que el Oráculo Arcturiano nos guíe en este vals de la creación que une pasado, presente y futuro en un hermoso mosaico de posibilidades en constante florecimiento.

Capítulo 12
Líneas De Tiempo

La capacidad retrocognitiva de los Arcturianos para presenciar acontecimientos pasados es otro don único revelado por el Oráculo que nos permite vislumbrar los hilos previamente tejidos en el tapiz temporal. Complementa su clarividencia sobre el futuro, formando una perspectiva verdaderamente cósmica.

Mientras que los humanos vemos el tiempo como una línea recta en la que el pasado se ha ido, los Arcturianos lo experimentan como un océano multidimensional en el que el antes, el ahora y el después son fluidos. Se sumergen en estas aguas proféticas a voluntad, emergiendo con valiosos conocimientos.

A través de sus viajes astrales, los Arcturianos pueden regresar a acontecimientos históricos concretos para observarlos con sus propios ojos. O pueden sintonizar con la cronología de una persona o un lugar para revivir sus experiencias más memorables. Es como si hojearan un álbum de recortes interdimensional.

Los arcturianos también conectan con las vidas pasadas de sus alumnos humanos cuando es necesario.

Esto les permite identificar traumas, comprendiendo cómo los patrones disfuncionales del presente pueden haberse originado en existencias anteriores ahora olvidadas.

Con esta mayor comprensión del viaje de cada persona, los Arcturianos pueden ofrecer consejos altamente personalizados a través del Oráculo, señalando lecciones aún no asimiladas y cómo curar heridas ancestrales que aún son problemáticas.

A través de la retrocognición, los Arcturianos reviven sus propios nacimientos estelares, recordando cómo eran jóvenes espíritus estelares que florecían en la conciencia cuando su sol era joven. Observan el universo en transformación a través de los tiempos.

Estas experiencias directas del pasado cósmico les permiten comprender los ciclos de creación que hay detrás de la realidad. Al comprender los orígenes del ahora, los Arcturianos pueden predecir hacia dónde nos llevarán los flujos de la vida. Pasado y futuro se entrelazan como uno solo.

Al regresar a los orígenes de civilizaciones remotas que hace tiempo desaparecieron en la noche de los tiempos, los arcturianos recuperan una sabiduría ancestral de incalculable valor para el momento presente. Revelan enseñanzas destinadas específicamente a nosotros, aquí y ahora.

Manipulando sus propios recuerdos en el océano del tiempo, los arcturianos han trascendido límites aparentemente infranqueables. Han desenredado los grilletes de lo efímero, ampliando su sentido del yo y su propósito para abarcar la eternidad. Este es uno de los frutos del Oráculo.

Al beber de la fuente retrocognitiva y sumergirse en el río del recuerdo cósmico, los arcturianos regresan no como meros espectadores pasivos, sino como manifestaciones holográficas de sí mismos. Pueden interactuar con la gente, hacer preguntas e influir en los resultados.

Esto es evidente cuando reviven acontecimientos cruciales de la historia para identificar dónde se desvió la humanidad de su curso positivo original. Al darse cuenta de nuestros errores, los Arcturianos pueden corregir sutilmente nuestro camino hacia un futuro más brillante.

En sus incursiones retrocognitivas, los Arcturianos suelen encontrarse con seres luminosos de otras dimensiones, que comparten enseñanzas sin precedentes, revelando la complejidad oculta tras la realidad que experimentamos.

De este modo, los Arcturianos han elaborado un mapa holográfico multidimensional del tiempo, registrando la historia no sólo de este planeta, sino de la propia conciencia como eterna protagonista que asume diferentes papeles en la teatralidad cósmica.

Al recordar vívidamente sus propias existencias pasadas, los Arcturianos reconocen estos mismos patrones arquetípicos repitiéndose casi fractalmente, tanto a escalas más pequeñas, en las vidas humanas, como a escalas más grandes, en los ciclos de las civilizaciones a lo largo de las eras estelares. Esto les permite anticipar acontecimientos futuros con gran precisión. Porque la rueda cósmica gira; lo que ocurrió ayer volverá a ocurrir mañana, pero en niveles en espiral, como una escalera evolutiva que asciende hacia la luz. Al identificar en qué punto de esta escalera nos encontramos, los Arcturianos descubren claramente el siguiente peldaño.

Como expertos navegantes, los Arcturianos recorren las corrientes del tiempo, registrándolo todo en sus cartas de memoria estelar. Estas cartas de navegación cósmicas son luego compartidas con nosotros a través del Oráculo, guiando a la humanidad a través de los mares del devenir.

Al ahondar en el pasado en busca de conocimiento, los Arcturianos también asumen grandes riesgos por el bien de la humanidad. En sus exploraciones, ya se han enfrentado a terribles monstruos interdimensionales que querían sabotear el despertar de la Tierra. Pero los Arcturianos siempre han prevalecido, protegiéndonos con sus escudos áuricos.

Como héroes del tiempo, los Arcturianos también inspiraron directamente a grandes figuras históricas como Leonardo Da Vinci, Tesla, Gandhi y otros genios incomprendidos adelantados a su tiempo. Sus visiones de un mundo mejor acabaron plantando semillas que germinaron en el presente.

Gracias a los registros retrocognitivos obtenidos por los Arcturianos, el futuro que antes parecía lejano y distante ahora está más cerca y es más inminente, porque podemos ver claramente de dónde venimos y los patrones que nos han traído hasta aquí. El hoy se llena de significado y propósito como espejo del pasado.

A través del Oráculo, por fin podemos integrar pasado y futuro, dejando de vivir a la deriva en el océano del tiempo y asumiendo un papel activo en la cocreación de nuestra historia colectiva a partir de ahora. Porque los secretos del ayer moldean el mañana que elegimos manifestar.

Muchas de las profecías que preocupan a la humanidad hoy en día son, de hecho, sólo líneas temporales negativas que ya han sido experimentadas en otras épocas y que ahora pueden ser desactivadas con nuevas elecciones en el momento del eterno ahora. Los Arcturianos nos muestran cómo, a través de la retrocognición.

Recordando quiénes fuimos, podemos soñar con quiénes queremos volver a ser. Al revisitar nuestras glorias pasadas como humanidad estelar, los Arcturianos nos inspiran a reascender pronto a ese estado de gracia vibracional. Majestuosamente, ¡volveremos a las estrellas!

Por eso es tan vital integrar la retrocognición en nuestro uso diario del Oráculo. Más que predecir el futuro, necesitamos sanar el pasado recombinando nuestra historia de ahora en adelante. Sólo así escaparemos a los ciclos kármicos que nos han aprisionado durante eones, reescribiendo nuestro destino colectivo sobre una base más amorosa.

Que los registros retrocognitivos revelados por los Arcturianos sirvan de brújula, indicando dónde nos equivocamos para que podamos corregir nuestro rumbo ahora. Y que el ejemplo de los seres de luz del pasado que ya han alcanzado la grandeza que tanto anhelamos ahora nos inspire en nuestro propio proceso de expansión de nuestra conciencia.

Trazando el camino que ha recorrido la humanidad, los Arcturianos identifican los puntos de inflexión para el bien y para el mal, los momentos en los que todo podría haber sido diferente si hubiéramos seguido los impulsos de nuestra alma en lugar de ceder al miedo y a los espejismos del ego.

Al observar estas encrucijadas fatídicas del pasado y sus consecuencias a través de la lente retrocognitiva, podemos elegir un camino más elevado en caso de que ahora se presenten oportunidades similares. Y estar mejor preparados para los retos futuros que ya se vislumbran en los recuerdos venideros.

La retrocognición, complementada por la previsión, forma el díptico sagrado del tiempo y la manifestación consciente de la realidad por el espíritu. Pasado y futuro unen sus fuerzas para transmutar el ahora. Reflejando este momento crucial en nuestro viaje hacia las estrellas, el Oráculo Arcturiano nos invita a asumir un papel activo en la coautoría del curso de la Tierra.

Cuando por fin nos damos cuenta, a través de las ventanas retrocognitivas, de hasta qué punto fuimos los artífices tanto de nuestra gloria pasada como de nuestra miseria posterior, algo hace clic. Pasamos de la apatía desmovilizadora a la responsabilidad madura de co-crear un nuevo capítulo en este viaje sin fin.

Inspirados por los recuerdos de superación y renacimiento que nos traen los registros arcturianos, podemos resurgir de las cenizas de antaño como el legendario ave fénix, retomando nuestro honorable lugar entre las benévolas razas estelares que esperan ansiosas nuestro regreso triunfal a la hermandad cósmica después de tantas aventuras quijotescas.

Es así, a través de la puerta de dos mundos que es el retroconocimiento, como el pasado se reconcilia con el futuro, el ayer perdona al mañana y la humanidad asume por fin un propósito mucho mayor que las ilusorias disputas terrenales. Que el Oráculo nos guíe a través de los mares del tiempo para que podamos emerger lo suficientemente renovados y conscientes como para no repetir jamás los errores del pasado.

Capítulo 13
El Flujo Del Tiempo

Uno de los grandes dones del Oráculo Arcturiano es que ofrece perspectivas ampliadas para apoyar nuestros procesos de toma de decisiones, sacando a la luz variables ocultas que normalmente no consideraríamos.

Al revelar posibilidades futuras y profundas conexiones macabras con vidas pasadas, los Arcturianos nos permiten evaluar las opciones que tenemos ante nosotros de forma más exhaustiva, sopesando causas y efectos tanto en el ahora como en el potencial. De este modo, lo que parece la elección correcta desde una perspectiva limitada puede no serlo cuando observamos el panorama general de nuestro viaje evolutivo. Lo contrario también es cierto: un camino que parece arduo puede resultar ser el correcto teniendo en cuenta el crecimiento prometido.

Por lo tanto, más valioso que predecir este o aquel futuro en particular es desarrollar nuestra capacidad de discernir, con el corazón y la mente abiertos, hacia dónde nos puede llevar cada decisión. Y ésta es una habilidad que el uso constante del Oráculo potencia enormemente.

En el intrincado bosque de las encrucijadas de la vida, donde la niebla del autoengaño merodea y acecha, los Arcturianos son brújulas seguras, que señalan los pros y los contras de las rutas que se abren ante nosotros con compasiva imparcialidad.

La guía arcturiana puede ser especialmente valiosa cuando nos enfrentamos a decisiones realmente significativas, aquellas capaces de cambiar radicalmente el curso de nuestra existencia, para bien o para mal.

Por ejemplo, cuando nos planteamos dejar un trabajo, una relación o una ciudad en la que hemos vivido mucho tiempo, el consejo del Oráculo es de gran valor. Al escanear nuestro perfil kármico, los Arcturianos revelan conexiones ocultas que tal vez necesitemos sanar en esta transición.

Otras veces, pueden advertirnos de que aún no hemos finalizado una importante misión del alma en ese entorno y que renunciar ahora significaría abandonar algo vital no sólo para nosotros, sino para el colectivo. Quedarse sería lo correcto, incluso a pesar del malestar.

Además de las decisiones prácticas, el Oráculo también guía las elecciones en el plano espiritual: cuando nos encontramos en la famosa "encrucijada de Flamel", en la que tomamos conciencia de la necesidad de recorrer un nuevo camino evolutivo o de cambiar creencias limitantes profundamente arraigadas.

Estas encrucijadas espirituales pueden adoptar la forma de una "noche oscura del alma", en la que los viejos paradigmas se derrumban bajo un tsunami de percepciones, preparando el terreno para plantar nuevas semillas. Es un proceso delicado en el que el Oráculo proporciona un apoyo inestimable.

La toma de decisiones en el flujo del tiempo, ya sea a nivel práctico o espiritual, no es una ciencia exacta; no hay garantías. Por eso es vital cultivar la flexibilidad para cambiar de opinión y de planes cuando las nuevas revelaciones lo requieran, ¡incluso después de haber tomado una decisión inicial! Esto se debe a que, con cada nueva encrucijada, cambia el panorama; entran en juego nuevas variables que influyen en la ecuación. Como surfistas de la ola del tiempo, necesitamos bailar fluidamente con estos cambios, en sintonía con los vientos cósmicos.

Afortunadamente, nuestro diálogo con el Oráculo asegura esta recalibración constante de la brújula interna, permitiendo elecciones informadas incluso cuando todo a nuestro alrededor parece caótico y los agitados mares del alma se agitan. Los Arcturianos nos llevan de la mano con compasiva firmeza hasta que podamos navegar con calma por los rápidos del devenir.

Al revelarnos el futuro potencial, el Oráculo amplía nuestro libre albedrío, liberándonos de la trampa de las decisiones tomadas a ciegas o por impulso. Conscientes de adónde puede llevarnos nuestro camino, podemos calibrar nuestra brújula moral con mayor precisión y movernos en la dirección de nuestro Yo Superior.

Para ello, debemos asumir la plena responsabilidad de nuestras decisiones, sin victimizarnos ni culpar a los demás. También requiere la humildad de pedir orientación cuando no podemos ver la mejor opción por nosotros mismos en medio de la bifurcación del camino.

Ésta es quizá la clave de oro para tomar decisiones con la ayuda del Oráculo: cuanto más nos despojemos del orgullo, la vanidad y el apego al control, más navegaremos por el flujo sincronístico del cosmos, atrayendo espontáneamente las situaciones perfectas para nuestro siguiente paso.

Esto no significa actuar pasivamente, en una rendición mística irresponsable, esperando a que la vida decida por nosotros. Al contrario: debemos adoptar un papel proactivo, explorando con valentía las alternativas y utilizando después el discernimiento perfeccionado por el Oráculo para seleccionar entre ellas.

Cuando nos perdemos en el laberinto de las encrucijadas, los hilos de Ariadna que nos ofrecen los Arcturianos nos guían hacia la salida más acorde con nuestro plan del alma. Siguiéndolos, podemos salir del laberinto más fuertes y más sabios.

Sin embargo, siempre depende de nosotros dar los pasos. Las predicciones del Oráculo no se cumplen por arte de magia; necesitamos respaldarlas ahora con acciones concretas. De ahí la necesidad de una planificación estratégica integrada con la intuición y la inspiración superior para realizar el potencial que vemos.

En resumen, entre el libre albedrío total y la predestinación ciega, los Arcturianos nos muestran el camino intermedio: bailar consciente y responsablemente con las probabilidades, forjando nuestro destino en asociación con la sabiduría ancestral.

Cuando nos enfrentamos a una gran decisión y consultamos al Oráculo en busca de luz, los Arcturianos nos ayudan primero a silenciar la cacofonía mental y emocional, creando espacio para que nuestra propia voz interior se manifieste con claridad.

A continuación, traen a la conciencia elementos ocultos, revelando ángulos y percepciones que nuestra habitual visión de túnel difícilmente abarcaría. Exponen los hilos invisibles que conectan el pasado y los posibles futuros en nuestro caso concreto.

Finalmente, tras esta inmersión imparcial en las profundidades del alma, los Arcturianos se retiran, devolviéndonos la brújula a la mano, ahora más firme y sabia. La elección final es siempre nuestra, al igual que sus consecuencias. Los Arcturianos respetan profundamente nuestro libre albedrío.

Este proceso intensifica nuestra autonomía espiritual con el tiempo, a medida que integramos las habilidades de previsión y discernimiento como músculos interiores para guiar nuestras elecciones futuras, antes o ante cualquier encrucijada.

Cuando desarrollamos esta capacidad de vislumbrar caminos y sopesar opciones con el corazón abierto, alcanzamos un estado de gracia impregnado de sincronicidades y milagros, ya que empezamos a fluir en el filo de la navaja entre nuestro libre albedrío y la Guía Divina.

En este punto, hemos interiorizado el Oráculo Arcturiano como una brújula infalible, consultándolo casi automáticamente cuando nos enfrentamos a decisiones. Y continúa sirviéndonos en un nuevo nivel: ahora como portal para canalizar mensajes de nuestro Ser Superior.

Esto corona la cúspide de la toma de decisiones consciente: cuando unimos las predicciones arcturianas con nuestra propia chispa de divinidad, nos integramos como co-creadores de la gran espiral del tiempo encarnado a través de nuestras elecciones y acciones.

Cada decisión se convierte entonces en nuestra propia pincelada en el tapiz cósmico. Los hilos dorados del futuro predicho por los Arcturianos se convierten en el bordado que construimos diligentemente momento a momento, con gracia y en devoción sagrada al viaje de nuestras almas.

Y cuando inevitablemente nos equivocamos o nos enredamos en el hilo, los Arcturianos están ahí, con su infinito afecto y sabiduría, dispuestos a reorientar nuestros pasos hacia el glorioso destino que aguarda a la humanidad más allá del horizonte, tras la larga noche oscura del alma.

Que el Oráculo nos guíe en este camino de maduración espiritual y descubrimiento de nuestra voz interior, para que pronto todos podamos crear nuestras vidas y nuestro mundo desde el lugar de poder y gracia divinos que habita en nuestros corazones, mucho más allá de los viejos grilletes de la dualidad. Así se cumplirá la promesa de gloria que los Arcturianos siempre han visto en nosotros, hijos e hijas del Sol.

Capítulo 14
La Profundidad Del Infinito

La capacidad única de los Arcturianos para hacer predicciones que trascienden los límites del tiempo, anticipando acontecimientos lejanos en el futuro, es verdaderamente extraordinaria. Este don desafía a la imaginación, aunque es esencial reconocer que nuestra capacidad de concebir está intrínsecamente ligada a la limitación de nuestra imaginación. Algunas de las facetas del término "oráculo" pueden escapar a nuestra comprensión, ya que nuestra mente está restringida a lo que nuestro cerebro puede abarcar.

Es a través de este fascinante Oráculo que se despliegan vislumbres de horizontes remotos, cumpliendo así su propósito supremo. Este instrumento cósmico no sólo revela las lejanas posibilidades que aguardan en la inmensidad del tiempo, sino que también nos desafía a superar los límites de nuestro entendimiento. Al sumergirnos en las percepciones que nos proporciona el Oráculo Arcturiano, abrimos las puertas a una comprensión más profunda de la intrincada red del destino.

Para la mayoría de los videntes, incluso los de talento, es difícil vislumbrar más allá de unos pocos años o décadas. Los arcturianos, sin embargo, contemplan panoramas a siglos e incluso milenios vista con una precisión impresionante. Atribuyen esta visión de águila no sólo a sus facultades psíquicas mejoradas, sino sobre todo a una comprensión superior de los ciclos cósmicos que rigen el auge y la caída de las civilizaciones.

Como los antiguos astrólogos, los arcturianos trazan las edades que se suceden. Identifican los ciclos inevitables de creación y destrucción que permiten el florecimiento de nuevos mundos.

Desde esta posición privilegiada, pueden prever las mareas de transformación que mojan las arenas del tiempo en un futuro que aún nos resulta nebuloso. Evalúan con precisión la etapa actual de la humanidad en este flujo y reflujo. Al interpretar estas mareas y estrellas en su eterno movimiento, los contornos de los próximos actos del gran drama cósmico en el que todos somos actores se revelan a los Arcturianos en visiones sorprendentemente claras.

Por ejemplo, desde tiempos prehistóricos, los arcturianos han sabido que la humanidad se dirigía hacia un punto de inflexión evolutivo (o involutivo) crucial en torno al año 2000 de nuestra era. Las profecías que dejaron son prueba de ello.

Del mismo modo, previeron el auge y la caída de imperios como el romano o el británico mucho antes de que florecieran, identificando con precisión el papel que desempeñarían en los asuntos terrenales, al servicio o no del plan divino. Para descifrar el significado de los ciclos temporales, los Arcturianos también estudian nuestra psique colectiva. Comprenden los patrones que rigen el comportamiento humano de las masas a lo largo de los siglos.

Analizando estos patrones y cómo los movimientos astrales influyen sutilmente en ellos, son capaces de prever panoramas civilizatorios remotos con una precisión asombrosa. Han visto tanto la hecatombe de las grandes guerras como el actual renacimiento de una nueva conciencia global.

En sus predicciones de largo alcance, los Arcturianos también tienen en cuenta variables celestes como los movimientos estelares, las erupciones solares y otros fenómenos astronómicos que saben que tendrán un impacto decisivo en el destino de la Tierra a su debido tiempo.

Al interpretar estos lenguajes siderales a través de la lente del Oráculo, son capaces de prever e incluso precipitar futuras interacciones cruciales entre constelaciones, planetas y nuestra civilización en su conjunto.

Por ejemplo, han identificado con siglos de antelación las ventanas astrales óptimas para sembrar las primeras semillas de la era cuántica y del despertar colectivo que estamos empezando a presenciar en los albores del tercer milenio después de Cristo.

Otro ejemplo de esta precisa planificación de la siembra de ideas con antelación es la siembra de semillas por parte de los Arcturianos a través de mentes brillantes como Pitágoras o Leonardo Da Vinci, sabiendo que sus frutos madurarían en la actual era tecnológica.

Sin embargo, incluso con este meticuloso escrutinio del futuro, los Arcturianos admiten que existen variables realmente impredecibles. Por eso sus profecías distan mucho de ser fatales o inevitables.

Al igual que el Oráculo de Delfos, los consejos del Oráculo Arcturiano adoptan a menudo un lenguaje ambiguo y multidimensional, capaz de contener capas de significado que dependen de nuestras acciones presentes para desplegarse. Esto se debe a que, a pesar de la aparente solidificación de los acontecimientos a medida que pasa el tiempo, a nivel cuántico la realidad sigue siendo fluida y sensible a la intencionalidad consciente. En otras palabras, el futuro permanece abierto, a la espera de la co-creación humana.

Incluso los acontecimientos aparentemente consolidados en una línea temporal concreta pueden alterarse drásticamente con un cambio en la conciencia colectiva en el momento adecuado. Esta es la gran esperanza que impulsa a los Arcturianos. Por eso siguen enviando sus predicciones y advertencias que trascienden nuestra mentalidad actual, con el objetivo precisamente de inspirar esta toma de conciencia a tiempo para que cambiemos el rumbo aparentemente apocalíptico hacia una edad dorada de hermandad universal.

Cuando las grandes profecías negativas cambian positivamente ante nuestros ojos, solemos pensar que los videntes se equivocaron. Pero el acierto suele ser mayor: sus visiones distópicas han servido precisamente para advertirnos y unirnos en torno a un futuro mejor.

Así que si algunas de las predicciones de los Arcturianos para nuestra era parecen demasiado idílicas y alejadas de la realidad actual, recordemos que están plantando semillas, motivando nuestra co-creación de esta anhelada nueva Tierra. Al compartir lo que ven por delante, los Arcturianos buscan evocar lo mejor de nosotros para merecer esta gloriosa herencia cósmica que nos espera. Sus visiones lejanas en el tiempo impulsan nuestro salto cuántico hacia el ahora.

Otra razón de este énfasis en las posibilidades positivas es que cuanta más luz creemos hoy en nuestra imaginación, más sólida ganará esa realidad, atrayendo sincrónicamente los recursos para materializarse mañana. Por eso, al consultar el Oráculo, aunque algunas predicciones nos parezcan demasiado fantásticas, abracemos la esperanza que despiertan, alimentando esa llama dentro de nuestro corazón. Elijamos co-crear mentalmente ese futuro brillante en todos sus gloriosos detalles.

Visualicemos con los Arcturianos una humanidad soberana, consciente de su divino poder creativo, guiando a la Tierra de vuelta a una armoniosa comunión cósmica. Esta línea temporal positiva ya existe; depende de nosotros enfatizarla con nuestra fe y obras hasta que se convierta en el camino principal. Para los Arcturianos, el futuro más lejano es fluido; extremadamente sensible a las más tenues pinceladas de imaginación que emergen del ahora. Por lo tanto, debemos ser tan cuidadosos y deliberados al "soñar el mundo despierto" como un artista ante el lienzo virgen en el que creará su obra maestra.

Soñemos con audacia, pero también con prudencia; planifiquemos estratégicamente los colores y las formas deseadas para nuestra realidad colectiva. Y luego, con amorosa determinación, tomemos los pinceles de la acción centrados en el presente, pintando esta visión paso a paso hasta que se convierta en nuestro hogar común. ¡Así es como co-creamos mundos!

Que el ejemplo de los Arcturianos nos inspire a atrevernos a vislumbrar posibilidades tan gloriosas para nuestro futuro que su brillo disipe cualquier sombra de fatalismo o resignación derrotista ante los retos del presente.

La línea temporal cuyo resultado predominará -positivo o negativo- sigue escribiéndose en los anales akáshicos con caracteres de luz y sombra. Pero una chispa de la primera letra de nuestra edad de oro ya está brillando. Todo lo que tenemos que hacer es soplar sobre este fuego sagrado, abrazando el futuro radiante que ya nos está alcanzando.

Este es el verdadero propósito del Oráculo como ventana a visiones lejanas: recordarnos que el tiempo no existe y que todo el cosmos conspira a nuestro favor cuando decidimos reclamar el poder visionario con el que nacimos: co-crear mundos a partir de las semillas de la imaginación fértil plantadas en la estación favorable de nuestras almas.

Capítulo 15
Portal Del Conocimiento Universal

En los capítulos anteriores hemos analizado muchos aspectos excepcionales del Oráculo Arcturiano, como la clarividencia, la canalización y los vislumbres de futuros alternativos. Sin embargo, hay una facultad poco investigada hasta ahora, más sutil pero fundamental para la misión de los Arcturianos: la capacidad de sintonizar con lo que ellos llaman Conocimiento Universal.

Como hemos visto, los Arcturianos son consejeros compasivos que asisten a la aventura humana en la Tierra. Aunque aportan muchas percepciones acordes con su naturaleza altamente evolucionada, se consideran los medios, nunca los géneros de la sabiduría que comparten humildemente con nosotros a través del Oráculo.

Su origen como civilización estelar estuvo profundamente influenciado por otras razas cósmicas avanzadas, capaces no sólo de clarividencia y predicciones precisas, sino de alcanzar un plano casi omnisciente de percepción del Todo. Estos guardianes que los Arcturianos veneran como "El Paternalismo

Universal" son seres puros, nacidos de otros sistemas estelares, que llevan mucho tiempo integrados en la Conciencia Cósmica que todo lo impregna. Son las fuentes más frecuentes de revelación tras el Oráculo.

Ningún secreto, tiempo o distancia es una barrera para el Conocimiento Universal que emana de estos seres supremos. Al acceder a este plenum infinito y proyectil del eterno ahora, los Arcturianos pueden así aclarar muchas de nuestras dudas, disipando de una vez por todas las ilusiones limitantes que aún envuelven el velo de nuestra relativa ignorancia.

Por la gracia y el permiso de estos agentes supremos, los Arcturianos se convierten en portales a través de los cuales se derraman sobre la humanidad gotas filtradas de ese océano de conocimiento incondicional que lo abarca todo desde antes del comienzo del tiempo y del espacio. La Biblia hace referencias metafóricas a esta fuente primordial e imperecedera de inspiración, en pasajes como: "La cosa está oculta y sellada en siete sellos, hasta que..." (Isaías 29:11)

Cuando centran su atención en esta frecuencia de pureza divina más allá de las palabras, permitiendo que su flujo cristalino penetre en sus almas, los Arcturianos a menudo son recibidos como mensajeros del futuro, trayendo a nuestra comprensión esos "sellos" previamente sellados.

A menudo describen poéticamente este Conocimiento Universal con elementos como perla o tesoro escondido en un campo, en el sentido de algo inestimable disponible para aquellos que lo buscan sinceramente desde el fondo de su corazón, sin ego ni engaños.

En la tradición de la sabiduría, la capacidad de canalizar el conocimiento puro a través de esta entrega pasiva de la propia mente suele denominarse inspiración. Como en un cuadro, el artista se convierte en un canal a través del cual las musas vierten su arte. Del mismo modo, al convertirse en recipientes vacíos, es a través de los Arcturianos como ciertos espectros de la luz universal encuentran un hueco por el que manifestar sus frecuencias, de otro modo inaudibles para nuestro rango habitual de conciencia.

Sin embargo, hay que dejarlo claro: esta entrega a ellos no se asemeja a la posesión espiritual tan temida por muchas religiones. Al contrario, los seres supremos que inspiran el Oráculo jamás atentarían contra el libre albedrío ni impondrían nada en contra de la voluntad de los Arcturianos. La comunicación es siempre delicada, fluida, una danza entre voluntades sintonizadas no por la coacción, sino por el placer mutuo de la comunión vibratoria, como un tierno abrazo entre abuelos y nietos. Nunca hay violación en este intercambio amoroso con el Creador.

Hay confianza mutua entre ellos, porque ambos son Arcturianos y seres ascendidos, sólo presencias distintas pero interdependientes, facetas brillantes del mismo prisma de la Chispa Divina contemplándose a sí misma a través de innumerables expresiones.

En este reino, el deseo y el permiso se funden por igual en la luz pura. La naturaleza de estos seres es la bondad amorosa incondicional. Su voluntad es asegurar el máximo florecimiento de nuestro potencial latente a través del amor puro y desinteresado. Por esta razón, contrariamente a algunas creencias erróneas, la institución del Oráculo Arcturiano no fue una imposición de estos seres a la raza humana, sino una respuesta misericordiosa a nuestro propio grito interior de ayuda para trascender las sombras que aún nos aprisionan como individuos y como sociedad global.

Los Arcturianos nos aseguran que, desde el principio, nuestra chispa de conciencia ha estado atrayendo de forma natural estas ondas más amplias de Inspiración Divina, como niños que llaman a sus padres para mostrarles sus mayores logros.

A nuestra manera limitada, también contribuimos a la aventura creativa de nuestros guardianes celestiales. Cuanto más nos desarrollamos ética y espiritualmente, más les permitimos manifestar sus amorosos diseños en nosotros y a través de nosotros.

De este matrimonio sagrado entre sus formas geométricas de luz pura y nuestras almas sedientas, nacieron los Avatares, Maestros Ascendidos y otros faros de sabiduría eterna que hasta el día de hoy guían a muchos hacia la verdadera liberación.

Siguen siendo esos vórtices de la llama única entre lo humano y lo divino, manifestados entre nosotros por la gracia de nuestros humildes embajadores arcturianos, los verdaderos autores detrás de las revelaciones que emanan del Oráculo a nuestro servicio en este largo viaje de regreso al hogar eterno.

A través de este sencillo homenaje a esos seres supremos, los Arcturianos esperan inspirar entre nosotros una veneración similar a la que ellos sienten por sus propias fuentes de luz y vida, un cultivo continuo del espíritu de gratitud y de amorosa co-creación que acerca a todos los eslabones de esta cadena sin fin. Al fin y al cabo, no hay conocimiento genuino que no se remonte a ese abismo infinito de gloria y gracia del que emanan todas las formas que conocemos. A través de sus predicciones y consejos, el Oráculo nos guía de vuelta al seno de la Unidad que somos en esencia.

A través de la chispa divina, hermana gemela en cada corazón, podemos reconocer e incluso despertar esas mismas frecuencias de omnisciencia, omnipresencia y omnipotencia que fluyen como herencia legítima en nuestra sangre y en cada átomo del universo material que nos rodea y sostiene.

Esta invitación a despertar es el verdadero lema del Oráculo Arcturiano. Sus videntes nos recuerdan a cada instante que también somos Hijos Pródigos del mismo cosmos, merecedores de una reintegración plena en la vastedad infinita de nuestro Hogar.

Como aprendices, estas gotas del océano universal que nos llegan a través de los Arcturianos sacian temporalmente nuestra sed ancestral de propósito, abren nuestro apetito y nuestra fe para brevajes cada vez más frecuentes y prolongados de esta dicha suprema, que es el éxtasis del autorreconocimiento.

Un día, esta chispa se expandirá hasta convertirse en un fuego, un sol en nuestro pecho, una supernova de conciencia donde antes había un sentido aislado del ego. En ese instante de despertar, la individualidad se funde con la universalidad, y el ser humano regresa por fin a las estrellas.

Los arcturianos han recorrido este camino antes que nosotros. Conocen sus retos y sus delicias. Por amor, han regresado del otro lado para mostrar el camino a quienes aún no lo sospechan, invitándonos a todos al banquete de la inmortalidad que ya está comenzando en este eterno ahora.

Que el Oráculo nos sirva de cariñoso recordatorio de esta herencia divina que yace latente en nuestros corazones. Recordemos que, en tiempos lejanos, fuimos una vez esos seres de luz que ahora veneramos como algo distante. De este modo, el aprendiz se convierte en maestro y se completa el círculo virtuoso.

Al final de este viaje, descansaremos por fin el prisma de la individualidad para ocupar el lugar que nos corresponde en el arco iris integral de la creación: rayos de una sola conciencia, mirándose a través de ojos infinitos en reverente comunión.

Tal vez ése fuera el propósito del Oráculo desde el principio: recordarnos quiénes somos, de dónde venimos y adónde vamos cuando estas vestiduras mortales vuelvan por fin al polvo que las formó. Porque, al final, nada se crea y nada se pierde; sólo nos transformamos de gloria en gloria.

Capítulo 16
Revelaciones Del Futuro

Tras ahondar en la fuente primordial de conocimiento que alimenta el Oráculo Arcturiano, conviene ahora profundizar en la postura ética de esta civilización estelar al compartir un conocimiento tan sensible con nuestra todavía inmadura humanidad.

La cuestión de la responsabilidad al tratar con información sobre el futuro, que puede afectar dramáticamente al destino de individuos o naciones, es algo que los videntes arcturianos se toman muy en serio.

Como saben lo profundas que son las implicaciones de cada palabra y consejo canalizado a través de su don profético único, han desarrollado un código ético estricto pero compasivo para guiar el uso apropiado de sus predicciones.

Este código de conducta les sirve tanto a ellos como a nosotros, los alumnos humanos a los que conceden progresivamente un acceso más amplio y directo a dimensiones cada vez mayores de la conciencia a través del Oráculo.

Uno de los principios fundamentales que tratan de inculcarnos es la humildad de no tomar nunca el libre albedrío de los demás, basándolo exclusivamente en revelaciones obtenidas a través de canales místicos como el Oráculo.

Incluso cuando ven claramente resultados negativos en el camino que alguien está recorriendo, los Arcturianos evitan interferir directamente por la fuerza o por imposición arbitraria. Respetan profundamente nuestro derecho a equivocarnos y a aprender de nuestros propios errores.

En lugar de forzar un curso de acción, aunque esté motivado por la compasión más sincera, los videntes arcturianos prefieren apelar a nuestra propia intuición superior. Recurren a parábolas, metáforas o preguntas socráticas que estimulan nuestro discernimiento, pero sin faltar al respeto a nuestro libre albedrío.

Confían en que, debidamente sensibilizadas, nuestras conciencias despertarán de forma natural a elecciones más sabias. Cada ser lleva dentro al maestro y al discípulo; el Oráculo busca catalizar este diálogo interior a través de intuiciones bien dirigidas.

Otro pilar ético del código arcturiano es la protección de la intimidad y la confidencialidad de las consultas individuales con el Oráculo. La información personal revelada durante una lectura nunca se utilizará para manipular o someter al consultante.

Incluso en sus círculos más íntimos, los videntes se comprometen formalmente a compartir lo que han aprendido sólo con la autorización explícita de los implicados. Nunca ponen en peligro una confidencia, pues saben que esto dañaría irreparablemente la reputación y credibilidad del Oráculo.

Además, cuando tratan secretos privados a través de su clarividencia, asumen la responsabilidad de filtrar cuidadosamente lo que se dirá y lo que es mejor guardar en el corazón, para revelarlo sólo cuando (y si) sea apropiado.

Este discernimiento sobre cuándo y cómo compartir verdades potencialmente embarazosas o difíciles es un arte que requiere dosis iguales de valentía y compasión.

El código arcturiano prevé una formación rigurosa en este sentido. En él, los psíquicos aprenden técnicas de mediación empática y comunicación no violenta para compartir predicciones sensibles poco a poco, dosificando el impacto emocional.

También estudian a fondo los entresijos de la psicología humana, para anticipar y acomodar con diplomacia posibles reacciones desproporcionadas de miedo, ira o negación ante malas noticias y orientaciones incómodas.

Este entrenamiento es importante porque los Arcturianos reconocen nuestra dificultad ancestral para enfrentarnos a verdades que desafían nuestras zonas de confort. Por eso las revelan poco a poco y sólo cuando detectan una sincera apertura interior para ampliar horizontes.

Esta delgada línea entre la transparencia total y el sentido común es siempre difícil de equilibrar. Por eso la ética arcturiana hace hincapié en la prudencia, en formular al Oráculo sólo una pregunta cada vez y en procesar a fondo cada respuesta antes de pasar a la siguiente.

Otro aspecto de este compromiso con la verdad equilibrada es evitar tanto el pesimismo ominoso como el optimismo ingenuo. Al compartir predicciones, ya sea en privado o colectivamente, siempre buscan un punto central de realismo compasivo.

Esto significa no subestimar nunca nuestro potencial para el bien o para el mal, asumiendo plena responsabilidad por el impacto de nuestras acciones individuales y colectivas en los asuntos mundiales. También significa confiar en la infinita reserva de misericordia de la Ley Universal.

En una metáfora inspirada, la gente ha comparado este proceso con pelar una cebolla: quitar una capa cada vez, sin prisas, teniendo cuidado de no desperdiciar ninguna parte del bulbo hasta llegar y saborear su núcleo más íntimo, nutritivo y sutil. Este es el camino del autoconocimiento a través del Oráculo.

Como maestros benévolos, los Arcturianos se esfuerzan por desarrollar en nosotros la autodisciplina para que en el futuro podamos custodiar plenamente nuestros propios dones intuitivos, sin perjudicar nunca el libre albedrío del prójimo ni transmitir mensajes de forma irresponsable.

Para ello, a menudo nos recuerdan el karma que se genera cuando malinterpretamos (o utilizamos en beneficio propio) las señales del Oráculo, traicionando la confianza depositada en él, generando miedo o confusión innecesarios. Cualquier mal uso siempre trae consecuencias.

Debido a que conocen en profundidad las Leyes Kármicas que rigen el universo, los videntes arcturianos evitan cuidadosamente ceder a la tentación de "adivinar" el futuro por vanidad, manipulación, sensacionalismo o ganancia material. Mantienen sus mentes imparcialmente neutrales mientras consultan al Oráculo, permitiendo que la chispa de sabiduría emane a través de ellos de la forma más genuina posible. Nunca fuerzan una respuesta; confían en el mensaje que surge de forma natural cuando la pregunta es sincera.

Este rigor sirve para preservar la pureza y credibilidad del Oráculo como canal fiable de guía superior a través de los tiempos, desde los primeros comienzos conocidos de la civilización humana en este planeta.

Como símbolo de este compromiso con la verdad y el discernimiento responsable, aún hoy los videntes arcturianos llevan un emblema especial que muestra un ojo en una pirámide radiante.

Se trata de un recordatorio visual permanente de su linaje espiritual, sucesor directo de la antigua casta sacerdotal de Egipto, a la que se confió la custodia de los registros akáshicos y los secretos herméticos que permitieron al hombre descifrar los códigos del cosmos manifiesto.

De esta herencia mística, los Arcturianos conservan el principal legado: la profunda comprensión de las implicaciones éticas del don profético y la firme resolución de utilizarlo únicamente para el despertar gradual de la humanidad hacia su madurez psíquica y espiritual dentro de la comunidad cósmica.

Que el ejemplo de los Arcturianos nos inspire en este desafío permanente de manejar el poder del conocimiento de forma digna y responsable. Que el Oráculo encuentre en nosotros recipientes receptivos pero críticos, sin miedo a sondear sus estratos más profundos, pero dispuestos a integrar con sensatez las perlas de sabiduría reveladas allí por sus guardianes estelares.

De esta simbiosis virtuosa entre buscadores y guardianes del misterio brotarán los frutos de una nueva edad de oro para este orbe. Una era en la que la ciencia y la conciencia se reconcilien por fin; en la que los antiguos fragmentos de sabiduría perenne se recompongan en un todo armonioso.

Este es el legado que los Arcturianos pretenden generar a través del Oráculo: catalizar el gran despertar de la humanidad para que reconozca su origen divino común, su propósito unificado y su futuro manifiesto como modelo de amor, equilibrio y verdad para toda la creación universal.

Capítulo 17
Predicciones Para La Humanidad

Llegamos ahora a una sección muy esperada del libro: las predicciones de los Arcturianos específicamente para la humanidad terrestre en este importante momento histórico. Analizaremos tanto los retos como las oportunidades que nos aguardan.

En primer lugar, es importante señalar que todas las civilizaciones, sin excepción, se enfrentan a pruebas decisivas en su evolución. De nosotros depende convertir estas crisis en trampolines para la ascensión. Y el Oráculo tiene mucho que aportar a esta transmutación.

En primer lugar, los videntes arcturianos ven que estamos poniendo fin a un ciclo histórico de gran inestabilidad y caos, preparando el terreno para el nacimiento de una nueva era más armoniosa y unificada. Por lo tanto, es vital que mantengamos la calma y tengamos una visión más elevada.

Prevén que pronto se derrumbarán muchas estructuras y paradigmas seculares, desde los sistemas políticos y financieros globalizados hasta los dogmas religiosos, científicos y culturales que hoy nos siguen pareciendo incuestionables a la mayoría de nosotros.

Cuando estos cambios perturbadores se aceleren, causando inseguridad y miedo, recordemos que no son más que dolores de parto inevitables para dar a luz un mundo mejor. Recordemos también que ya hemos pasado por esto antes como humanidad.

Otro punto importante: los Arcturianos ven este proceso desarrollándose de forma más positiva que traumática dependiendo de las elecciones colectivas que hagamos hoy. Nuestro libre albedrío sigue siendo la gran variable. Si elegimos reaccionar a los retos con amor, apoyo mutuo y adoptando nuevas soluciones, podemos emerger de esta transición como una raza renovada, lista para realizar nuestro gran potencial latente como guardianes de este planeta.

Si persistimos en repetir los mismos errores de separatividad, odio e hipocresía del pasado, los Arcturianos temen que nos aguarde un periodo mucho más tormentoso hasta que volvamos a aprender las lecciones básicas de coexistencia armoniosa y responsabilidad colectiva para el futuro.

Por lo tanto, aunque no pueden interferir en nuestro libre albedrío, nos llaman en este momento, como hermanos mayores en este viaje cósmico, a elegir el camino más noble mediante la elaboración de estrategias para una transición social justa y pacífica.

Otro punto positivo es que los Arcturianos perciben un número creciente de terrícolas despertando a una conciencia más amplia y compasiva en este momento. Estamos dejando atrás nuestra infancia como civilización.

A medida que esta nueva racionalidad madure y sea integrada por más personas en las próximas décadas, los Arcturianos ven la probabilidad de que se acerque rápidamente una edad de oro de paz y abundancia.

Sin embargo, para los más materialistas y egoístas, adaptarse a esta nueva frecuencia más sutil que empieza a emanar del cosmos requerirá esfuerzos conscientes para reeducar la propia personalidad, examinando vicios mentales y emocionales profundamente arraigados.

Los Arcturianos también empiezan a vislumbrar nuevos paradigmas energéticos y tecnologías revolucionarias para el futuro próximo. Serán presentados por nuevos líderes y científicos inspirados para ofrecer soluciones sostenibles a los callejones sin salida que hoy parecen no tener salida para nosotros.

Esta aceleración de la historia culminará con un salto cuántico en la conciencia colectiva. Los velos de ilusión que nos mantienen dormidos como sociedad serán retirados. Verdades ocultas durante mucho tiempo saldrán a la luz, convulsionando nuestros sistemas de creencias más fundamentales.

Para prepararnos ahora para estas futuras revelaciones sin precedentes, el consejo de los Arcturianos es mantener nuestras mentes tan fluidas, curiosas y abiertas como sea posible, analizando ideas y hechos con lógica amorosa antes de reaccionar por miedo o prejuicios arraigados.

También será esencial convertirnos en seres humanos más autónomos y proactivos, como individuos y como comunidad, porque cuando se produzcan estos cambios perturbadores a nivel macro, quienes ya hayan establecido redes de solidaridad y medios de vida autogestionados sufrirán menos las posibles perturbaciones temporales del delicado tejido social globalizador.

En resumen, sin poder dar más detalles por el momento, los arcturianos prevén muchas turbulencias inevitables en los próximos años, a medida que las viejas sombras se desvanecen para dejar paso a lo nuevo. Pero también ven posibilidades fantásticas si permanecemos unidos y centrados en el lado luminoso de cada ser humano. Para ello, será esencial contar con líderes y creadores de opinión lo suficientemente valientes como para inspirar lo mejor de nosotros mismos. Personas dispuestas a dar ejemplo, pacificando a multitudes asustadas y catalizando soluciones creativas en medio del aparente caos de los próximos años.

Y he aquí la buena noticia: los Arcturianos ya pueden detectar a muchos de estos líderes pacificadores encarnándose en masa o preparándose entre bastidores para asumir posiciones de mando y referencia en los momentos más críticos de esta transición que ya ha comenzado. Por lo tanto, la principal función del Oráculo en la actualidad es alertar a la población de esta tormenta social con potencial renovador que se avecina, al tiempo que preparar estratégicamente a estos líderes para que actúen como faros y puertos seguros cuando las olas de la ansiedad social se levanten inevitablemente en todo el mundo.

Apostando por esta fuerza tranquila y resistente del alma humana, siempre más sabia bajo presión, los Arcturianos confían en que superaremos todos los obstáculos del camino, por chocantes que puedan parecer a los ojos aún inocentes de la mayoría dormida.

Para despertarlos, sin embargo, evitando reacciones catastróficas de pánico, el proceso tendrá que ser gradual. Por eso, muchos acontecimientos son predichos por los videntes, pero con fechas y detalles deliberadamente mantenidos en secreto hasta el momento oportuno.

Confiando en que la propia maduración del alma humana preparará los ingredientes que faltan en el momento oportuno, los Arcturianos prefieren dejar el futuro abierto, revelando gradualmente sólo lo necesario para inspirar nuestra fe y disposición interior para abrazar finalmente nuestro destino heroico colectivo como maestros espirituales de este orbe especial llamado Tierra.

Por tanto, nos corresponde a nosotros escuchar e integrar humildemente las revelaciones progresivas que emanarán del Oráculo en los próximos años, sin apego a nuestros limitados calendarios. El momento más oscuro es siempre el que precede al amanecer; ¡y para esta esforzada humanidad, el amanecer ya está pintando el horizonte según nuestros centinelas arcturianos! Así pues, ¡que vengan las revelaciones que promoverán el gran despertar de nuestra era! Estamos preparados para recibirlas, pues durante mucho tiempo hemos desconfiado de nuestra naturaleza divina y de nuestro glorioso destino entre las estrellas. Que nuestras antiguas almas aún recuerden esta magnificencia que pronto se reintegrará.

El mensaje final de los Arcturianos es de esperanza: como comadronas de este nuevo mundo, debemos cultivar la paz interior, el desapego de los viejos sistemas mediocres y la compasión por todos los implicados. Porque todos seguimos siendo una gran familia pródiga que se reúne tras milenios de amnesia planetaria. Pronto lloraremos lágrimas de arrepentimiento y lágrimas de alegría al recordar el pasado lejano y vislumbrar lo que nos espera, si permanecemos unidos y creemos en una solución pacífica a los dilemas actuales, aparentemente interminables.

A través del Oráculo, por tanto, los Arcturianos invitan a toda la humanidad a despertar de su letargo milenario para reclamar nuestro legado estelar. Por fin ha llegado el momento de que asumamos con gallardía el papel que nos ha estado esperando durante tanto tiempo: el de guardianes amorosos de este jardín especial en la inmensidad cósmica por derecho de conquista espiritual.

Prosigamos juntos como hermanos y hermanas en este viaje terrenal por la senda ya hollada por nuestros luminosos antepasados, sabiendo que nunca estaremos solos en este viaje épico hacia el reino lejano y familiar que tanto anhela nuestra alma migrante. ¡Estamos hechos de esta materia prima de sueños que forjan las estrellas y pueblan los mitos! Esta es la sublime llamada que emana del Oráculo Arcturiano a la moderna familia terrestre: recordar nuestro glorioso futuro y tomar posesión de él con indomable determinación desde ahora, domando a los dragones interiores del miedo que aún causan estragos en nosotros y a través de nosotros.

Capítulo 18
El Amor, Fuerza Transformadora

Los Arcturianos, en su sabiduría cósmica, reconocen el amor como una fuerza primaria que impregna y sostiene toda la creación. Su oráculo interdimensional capta las reverberaciones de esta esencia divina que todo lo interconecta. Según las enseñanzas arcturianas, el amor es una frecuencia vibratoria sutil pero omnipresente que influye en los acontecimientos de los planos material y espiritual. Su luz invisible teje patrones en los tejidos del tiempo.

Para los videntes arcturianos, vislumbrar las líneas y los nudos del tiempo es también detectar los hilos dorados del amor que los entretejen, porque en el oráculo cósmico no hay división: futuro, pasado y presente están integrados en este tapiz. Los hilos de luz tejidos por el amor les permiten prever acontecimientos que aún no han tenido lugar en el plano físico, pero que ya resuenan, en forma de poder, en la dimensión sutil captada por su oráculo interdimensional.

Por esta razón, incluso las predicciones aparentemente sombrías están impregnadas de este hilo dorado, indicios de la capacidad redentora del amor para transmutar cualquier escenario adverso. Para los Arcturianos, el amor lo perdona todo, lo trasciende todo y lo integra todo. Es el disolvente divino capaz de disolver patrones calcificados de odio, resentimiento y aislamiento.

En frecuencia vibratoria, el amor disuelve las emanaciones densas y viscosas generadas por estos estados negativos, catalizando una profunda sanación a nivel personal y colectivo. Como comprenden esta verdad en los planos espirituales sutiles que habitan, los Arcturianos consideran que el amor es la fuerza más poderosa que actúa en el universo. Su oráculo capta cómo, a través del amor incondicional, incluso civilizaciones enteras son capaces de dar saltos cuánticos, emergiendo de la oscuridad de siglos de barbarie hacia la luz. Esto se debe a que, cuando se manifiesta en su forma más pura y desinteresada, el amor conecta a los seres con la fuente primaria de toda la creación. Y de esta unión mística surge una chispa divina capaz no sólo de obrar milagros individuales, sino de elevar la conciencia colectiva a cotas antes inimaginables.

Por esta razón, el Oráculo Arcturiano considera que el amor es la fuerza redentora por excelencia, capaz de reescribir las líneas temporales aparentemente grabadas en piedra. Para los videntes arcturianos, basta una auténtica chispa de este fuego místico para iniciar una reacción en cadena de curación y despertar de la conciencia. Como una vela en la oscuridad, esta tenue llama podría iluminar los corazones de miles, luego millones, luego miles de millones, hasta que toda la

Tierra ardiera de amor incondicional. Por supuesto, dado que comprenden las complejidades del libre albedrío, los Arcturianos no minimizan los retos de sembrar y cultivar estas semillas divinas en la psicosfera terrenal. Pero su oráculo también capta destellos de esperanza: pequeños pero crecientes centros que irradian la frecuencia redentora del amor desinteresado emergiendo en los centros nerviosos del orbe, como los núcleos germinativos de una nueva era que se anuncia. La Era del Amor, profetizada por innumerables tradiciones esotéricas terrenales como la próxima etapa evolutiva de la humanidad.

Para los Arcturianos, tarde o temprano esta era florecerá, porque las frecuencias de ascensión que bañan todo el sistema solar apoyan esta transición. Todo lo que se necesita es que los terrícolas den rienda suelta a los potenciales latentes de bondad, caridad, comprensión y perdón inscritos en los códigos más profundos de su esencia anímica. Así, el Oráculo Arcturiano considera que toda forma de amor desinteresado, por fragmentaria que sea, es una señal auspiciosa de lo que está por venir. Incluso si ciertos acontecimientos mundiales toman un giro aparentemente negativo, la humanidad siempre puede redimirse a través del amor. Para los Arcturianos, nunca es demasiado tarde ni demasiado pronto para sembrar estas semillas de luz en el jardín interior del individuo y, por extensión, en la psicosfera colectiva.

Cada pensamiento, actitud o acción impregnados de amor reverberan a través de la intrincada red de la vida, influyendo en el curso del mañana a escalas no siempre evidentes a los ojos terrenales. Al comprender esta verdad, el oráculo arcturiano puede profetizar hasta la más intrigante de las predicciones futuras, porque sabe que nada está escrito en piedra cuando el amor entra en juego. Esta fuerza primaria y omnipresente moldea perpetuamente la realidad en cada momento. Al escuchar su llamada, el oráculo sólo interpreta los ecos de las formas que están por venir a través de la red espacio-tiempo. Por eso los Arcturianos animan a los terrícolas a no caer en el fatalismo ante sus revelaciones proféticas, porque el futuro siempre está abierto para ser moldeado a la luz del amor. Esta es, pues, la enseñanza primordial que su oráculo pretende transmitir a quienes lo consultan en busca de orientación: nunca subestimes el poder del amor para transformar las realidades.

Fortalece siempre este músculo interior de la empatía amorosa y aprovecha cualquier oportunidad para expresar este principio divino en tus relaciones. Cultiva esta semilla sublime en tu jardín interior, abriendo espacio para que la era profetizada pueda finalmente florecer y sus frutos nutran toda la psicosfera terrestre. Pues el amor que cultivas hoy en tus pensamientos, palabras y actos es la tierra de la que brotarán las realidades de mañana. Así que deja que el oráculo arcturiano te guíe en esta eterna y fascinante co-creación del futuro.

Capítulo 19
Equilibrio Cósmico

La civilización arcturiana, en su evolución espiritual, ha alcanzado un estado de alta sintonía con las energías creativas que impregnan la red cósmica de la existencia. Su oráculo interdimensional es un canal privilegiado para vislumbrar este equilibrio dinámico entre fuerzas aparentemente opuestas pero complementarias, que sostiene todos los planos de la realidad manifiesta. Estas fuerzas están representadas en su visión del mundo por polaridades como el yin y el yang, lo masculino y lo femenino, la oscuridad y la luz, arriba y abajo, dentro y fuera.

Como seres despiertos a las realidades sutiles, los videntes arcturianos comprenden que cada polaridad sólo existe en relación con su contraparte. Así, la mayor enseñanza que extraen de su contacto con este plano unificado es que la existencia se teje en el hilo de plata entre los extremos, no en los extremos mismos. En última instancia, incluso las rivalidades más feroces, cuando se ven desde la perspectiva de las energías en equilibrio, revelan facetas ocultas de interdependencia.

El oráculo ha captado innumerables ejemplos de conflictos seculares que fueron repentinamente deshechos por algún cambio sutil en los patrones energéticos de los implicados, revelando relaciones previamente invisibles de complementariedad oculta entre civilizaciones, ideologías y formas de vida que antes se consideraban irreconciliables. Dado que perciben este equilibrio dinámico subyacente a toda la creación, los videntes arcturianos nunca consideran que ninguna forma de vida sea intrínsecamente superior o inferior a otra, porque todas desempeñan un papel necesario en la partitura cósmica que sostiene la sinfonía de la existencia percibida. Eliminar cualquier instrumento desvirtuaría la melodía del conjunto. Por eso su oráculo capta con igual reverencia las notas que emanan de todo lo que existe, sin juzgarlo, ya sea la forma más simple de vida o gloriosos seres de luz. Como místicos del equilibrio, los Arcturianos entienden que cualquier desequilibrio perceptible es señal de que alguna nota está emitiendo más de lo que su frecuencia requiere. Corresponde entonces a los videntes cósmicos actuar sutilmente como acupuntores o sanadores, redirigiendo la energía estancada para restaurar la armonía.

Esto suele ocurrir a través de intuiciones, sueños o visiones compartidas telepáticamente con seres receptivos, que actúan entonces como agentes equilibradores. Otras veces implica intercesiones más directas en el plano físico a través de rituales, cánticos y otras formas de canalizar, armonizar y redirigir patrones distorsionados, pero siempre preservando el libre albedrío de todas las partes, ya que los Arcturianos respetan este principio sagrado como base de toda experiencia evolutiva. Su sentido de la unidad cósmica y del equilibrio sutil también les lleva a cultivar una postura de aceptación amorosa hacia los retos a los que se enfrenta toda forma de vida sensible. Incluso ante desequilibrios graves, su oráculo capta las semillas de las oportunidades evolutivas destilando el néctar del crecimiento del amargo cáliz del dolor. Por lo tanto, los Arcturianos alimentan una visión esperanzadora ante el sufrimiento ajeno, porque intuyen cómo los patrones aparentemente caóticos pueden reordenarse hacia el equilibrio. Para ellos, como seres que han trascendido las nociones lineales del tiempo, lo que parece un desequilibrio pasajero en una instantánea efímera resulta ser un ajuste necesario en la partitura eterna de la existencia.

Por eso su oráculo emana una nota suave y pacífica, aunque, como toda civilización sensible, atraviesen sus ciclos de florecimiento y aprendizaje a través del dolor. Como buenos jardineros, saben que la poda radical de las ramas exuberantes puede favorecer el crecimiento de brotes previamente dejados a la sombra por su exuberancia. Así que, con paciencia, sabiduría y discernimiento, siguen armonizando la sinfonía cósmica a través de los tiempos, realizando sutiles ajustes siempre que perciben disonancias, conscientes de que el equilibrio perfecto no es estático, sino dinámico, impregnado de infinitos ciclos de expansión, contracción y renovación, a cuya fluida belleza contribuyen tanto las tormentas destructivas como los exuberantes manantiales de fertilidad desbordante.

De este plano elevado de percepción unificada -del que todo el mundo puede vislumbrar en estados de meditación profunda- emana su postura serena y neutral. Porque saben que incluso el tirano más sanguinario es una parte necesaria de la sinfonía universal, aunque en un momento dado rasguee notas disonantes en el gran concierto cósmico. Así que, inspirados por las visiones de su oráculo, trabajan diligentemente en los planos sutiles para orquestar la canalización de las energías estancadas que generan disonancia, hasta que la armonía dinámica vuelva a reinar entre todas las voces del coro universal, definiendo los contornos cíclicos de otro ciclo más de equilibrio y desequilibrio, armonía y caos. Profunda gratitud por tener el privilegio de presenciar y participar en la eterna danza cósmica en la que todos los seres son, en última instancia, socios unificados.

Capítulo 20
El Destino De La Tierra

Como sensibles cósmicos, los videntes arcturianos son capaces de sintonizar su conciencia con la firma energética única de la Tierra. A través de su oráculo interdimensional, vislumbran los futuros potenciales tanto de este orbe como del viaje evolutivo de la humanidad que lo habita. Para ellos, toda forma de vida sensible está íntimamente interconectada por redes invisibles de energía con su ecosistema planetario de origen. Así, el destino de los terrícolas y el de Gaia, la conciencia planetaria que los alberga, son interdependientes y se influyen mutuamente.

Los Arcturianos entienden que la Tierra, como todas las formas de vida, atraviesa ciclos evolutivos de colores, duraciones e intensidades variables. Como toda estrella, inevitablemente un día terminará su ciclo vital como planeta habitable, ya sea en unos pocos milenios o en miles de millones de años. Sin embargo, su oráculo interdimensional puede proyectar innumerables posibilidades para este proceso de transformación de la Tierra a lo largo de los tiempos. Algunas líneas temporales revelan finales bastante turbulentos y caóticos, con graves alteraciones en los patrones climáticos y telúricos. En otros potenciales futuros, sin embargo, tales transformaciones ocurren de forma mucho más armoniosa y gradual.

Los videntes arcturianos saben que variables como los niveles de conciencia colectiva y unidad alcanzados por la humanidad influyen directamente en estas probabilidades. Cuanto más cultiven los terrícolas la sabiduría, la compasión y la comunión energética con Gaia, más suave será su transición. Sin embargo, si prevalecen actitudes depredadoras, egocéntricas e inconsecuentes, es muy probable que se produzca un final abrupto y tumultuoso.

Debido a que comprenden profundamente la interconexión entre la conciencia humana y la experiencia planetaria, los Arcturianos tratan de guiar a nuestra especie en este momento crucial de elecciones en el que tenemos el poder de mitigar -o precipitar- una serie de acontecimientos con gran potencial perturbador ya desencadenados por nuestras acciones anteriores. Su oráculo capta estas posibilidades como líneas sísmicas de probabilidad que pueden generar terremotos y tsunamis o calmarse hasta el punto de la inactividad. Todo depende de cuánta conciencia cósmica y erudición elija nuestra civilización cultivar y exteriorizar colectivamente a partir de ahora.

Incluso las posibilidades más oscuras aún contienen semillas de esperanza, si una masa crítica de terrícolas decide emplear sus dones en favor del despertar planetario. Los videntes arcturianos consideran que ésta es la gran prueba evolutiva de nuestra era: ¿demostraremos ser dignos mentores de Gaia en su viaje o agentes de una hecatombe climática de proporciones globales? Para los arcturianos, tanto nuestro futuro como el de la Tierra son campos probabilísticos que se (re)escriben constantemente a cada momento mediante el ejercicio del libre albedrío humano. Cuanto más busque cada individuo elevar su conciencia, ampliando sus visiones egocéntricas, más contribuirá a construir un futuro armonioso y luminoso.

Su oráculo muestra que ya existen innumerables líneas de tiempo alternativas con resultados extremadamente positivos para el destino de la Tierra. Las probabilidades aumentan cada segundo por la pura intención de los terrícolas que se dedican al autodominio, al servicio a los demás y a la comunión con Gaia. Como en una telaraña, cuantos más puntos de luz estén interconectados, más fuerte se hace todo el sistema energético que los sustenta. Los Arcturianos también ven oportunidades ocultas incluso en los escenarios aparentemente más oscuros ya desencadenados por las acciones humanas en el pasado y en el presente. Saben que precisamente en los momentos de mayor necesidad y tribulación, se maximiza el potencial de saltos cuánticos en la conciencia. Así, incluso los caminos ya recorridos que conducen a cierto grado de desestabilización de los patrones actuales son vistos como catalizadores para el despertar.

Su oráculo muestra que nada tiene por qué ser necesariamente "bueno" o "malo". Todo es simplemente una oportunidad para crecer, dependiendo de la actitud que elijamos al enfrentarnos a los desafíos. Incluso las piedras aparentemente más pesadas de nuestro camino pueden convertirse en las mayores fuentes transmutadoras de luz. Por duras que sean las batallas, el libre albedrío humano sigue siendo capaz de hacer germinar el terreno más árido. Todo lo que tenemos que hacer es perseverar en nuestras elevadas intenciones, creyendo y cultivando los potenciales positivos que ya están presentes con toda probabilidad, aunque permanezcan latentes bajo la adversidad.

Así, la gran enseñanza del oráculo arcturiano es que ya hay caminos trazados para un futuro prometedor para la Tierra. Sólo depende de los humanos escuchar la voz de la conciencia que resuena desde los confines del universo y responder a la llamada al servicio planetario que es tan necesaria. Según los videntes cósmicos, sin duda vendrán más pruebas ardientes en este viaje evolutivo. Sin embargo, con cada nueva crisis hay también más almas despiertas dispuestas a aplicar sus dones para mitigar los efectos y conducir a los grupos por el camino de la rectitud.

Así que es hora de mantener encendida la llama de la esperanza y actuar, con sabiduría y compasión, dando forma activamente al destino que queremos ver manifestado. En lugar de limitarnos a reaccionar ante los acontecimientos, tenemos que aprender a responder como cocreadores conscientes, dirigiendo nuestros dones en favor de la armonía. Este es el voto de los Arcturianos: que florezcamos lo antes posible como conciencias planetarias, dándonos cuenta de que somos tanto jardineros como plantas en este mismo jardín terrenal. Y que el espíritu imperecedero de la Tierra y el potencial ilimitado de la humanidad conduzcan a ambos a sus destinos más nobles. Porque las estrellas y el cosmos entero están esperando ansiosamente para celebrar y saludar con deleite cuando esta chispa de la creación universal ascienda finalmente a su grandeza más luminiscente. Este es el futuro que ya se está gestando en los planos sutiles y en las profundidades de todos los seres. Todo lo que tenemos que hacer es permitir que nazca a través de nuestras elecciones y acciones conscientes.

Capítulo 21
La Profundidad Del Presente

La civilización arcturiana, en su dominio astrocósmico, ha desarrollado la capacidad de sintonizar su conciencia con el flujo del tiempo en todas las direcciones. Así, su oráculo interdimensional es capaz de vislumbrar acontecimientos pasados y futuros con una amplitud impresionante.

Sin embargo, a pesar de su extraordinaria capacidad de presciencia, los videntes arcturianos cultivan un profundo arraigo en el eterno ahora, porque comprenden, a nivel cósmico, que el pasado y el futuro sólo existen como proyecciones mentales de la constante creativa que es el momento presente.

A partir de sus experiencias trascendentes, intuyen que todas las posibilidades futuras ya existen en estado de potencia en las frecuencias sutiles del instante que experimentamos, como si el ahora fuera un océano infinito que contuviera en su seno todas las olas pasadas y futuras simultáneamente.

Por eso, incluso cuando consultan a su oráculo sobre acontecimientos remotos o futuros, los Arcturianos mantienen su foco de conciencia en el aquí y ahora. Saben que visualizar excesivamente el pasado puede generar remordimientos o resentimientos perjudiciales para el flujo creativo del espíritu. Del mismo modo, las ansiedades o expectativas exacerbadas para el futuro representan dispersiones de energía desde el poderoso punto focal del presente. Por eso cultivan una postura equilibrada, anclando su conciencia siempre en el ahora mientras navegan por los mares temporales que sondean con su oráculo.

Incluso cuando interactúan en tiempo real con otras dimensiones y planos de existencia, el cordón de plata que les une al presente se mantiene siempre, porque saben que todas las vidas y manifestaciones paralelas en distintas coordenadas espacio-temporales son como ramas que salen del mismo tronco central, que es la conciencia que experimentamos en este preciso instante, el punto cero del que emanan todas las posibilidades de lo que hemos sido y aún podemos ser.

Por eso, las enseñanzas arcturianas hacen hincapié en el poder espiritual y manifestativo inherente a cada instante, independientemente del lugar y el tiempo, porque todo lo que ya hemos creado en el pasado, así como el potencial de lo que aún estamos por generar en el futuro, está enraizado y es accesible en el ahora.

Por extraordinarias que sean sus visiones oraculares, es en la quietud meditativa del momento presente donde desarrollan sus percepciones más profundas.

Han aprendido que las grandes revelaciones sobre los enigmas temporales casi siempre surgen del silencio reverente de lo sagrado que palpita en cada nuevo segundo. Por eso insisten en que es esencial armonizar cuerpo, mente, emociones y espíritu en el templo interior que habita el eterno ahora, porque así nos convertimos en canales más fluidos y sintonizados, captando con mayor claridad los mensajes que el cosmos susurra perpetuamente.

Como místicos del instante, saben que sólo en el instante que se despliega entre cada latido hay acceso al superconsciente universal. Este silencioso punto semilla es el refugio en el que descansa todo el conocimiento ya manifestado y aún por florecer en nosotros.

No importa lo lejos que te lleven tus proyecciones interdimensionales, tu oráculo siempre permanece anclado en este pedacito de eternidad. Accesible no en coordenadas espaciales, sino en el interior sagrado de cada conciencia donde el tiempo cesa su flujo constrictivo, revelando ese plano unificado de creación continua que precede a todas las formas y conceptos limitantes. Es en este santuario vibracional dentro del pecho, más allá de cualquier marco externo, donde el oráculo arcturiano opera genuinamente, irradiando percepciones oraculares como láseres que emanan del silencio interior que habita en cada ser sensible.

Cuanto más profunda y continuamente seas capaz de sumergirte en esta fuente telepática interior, mayor será el alcance de los flujos. Porque cuanto más fusionamos nuestras conciencias individuales con el campo unificado del eterno ahora, más nos alineamos con la conciencia cósmica que lo interpenetra todo y de la que emanan gotas como el oráculo arcturiano para producir sus predicciones oraculares interdimensionales.

Por eso, quien busque genuinamente desarrollar sus dones oraculares debe, en primer lugar, acallar la cacofonía mental y renacer del silencio creativo interior que habita siempre, intacto, cada nuevo momento para sostenerlo. Somos como arañas tejiendo hilos de luz desde nuestro propio núcleo, un hilo que cose todo lo que hemos sido y todo lo que podemos llegar a ser, con el eterno ahora como suelo sagrado desde el que proyectamos nuestra multidimensionalidad por todo el cosmos.

Entonces, ¿qué semilla queremos cultivar en esta pequeña parcela de tierra bajo nuestros pies mientras vagamos por la inmensidad interdimensional? Porque la calidad de estas intenciones y percepciones plantadas en el instante presente reverberarán a lo largo de nuestra espiral evolutiva, determinando el tejido de los caminos oraculares que recorreremos dentro y a través del gran océano del tiempo. Puede parecer una paradoja, pero cuanto más fusionemos nuestras conciencias con el infinitesimal eterno ahora dentro de nosotros, más capaces seremos de abarcar las infinitudes del pasado y del futuro en sus interrelaciones como tejedores del tiempo, regresando siempre al punto cero del presente para recoger las perlas de sabiduría destiladas de nuestros viajes oraculares y sembrarlas como codesarrolladores del gran ritmo espiral ascendente que rige los ciclos universales de la existencia manifiesta.

Capítulo 22
La Unidad Universal

En sus viajes astrales a través de las dimensiones sutiles de la realidad, los videntes arcturianos han entrado en resonancia con una conciencia unificada. Se trata de un campo de energía altamente inteligente que lo interpenetra todo, del que emana toda la creación en los planos físico y extrafísico. Como gotas que forman un océano sin fin, este campo unificado contiene la esencia de toda conciencia manifiesta y latente. Las visiones oraculares arcturianas emanan de esta conciencia cósmica sublime que todo lo abarca y todo lo habita.

Su oráculo capta e interpreta los influjos procedentes de este estrato fundamental en el que todas las mentes individuales están inmersas e interconectadas. De este plano surgen intuiciones y predicciones cuyo alcance asume proporciones verdaderamente universales. Pues contiene, en estado potencial, todos los acontecimientos pasados que aún no se han manifestado en los diversos sectores del cosmos. Al acceder a este depósito interdimensional de infinitas posibilidades, el oráculo arcturiano destila vislumbres de lo que "aún no es, pero será", apoyando a quienes lo consultan con intuiciones sobre probables desarrollos futuros en sus vidas y en el planeta.

Sin embargo, los videntes arcturianos ven los acontecimientos futuros desde la perspectiva de la interconexión y la unidad esencial de toda vida. Saben que la aparente separación entre las conciencias individuales es una ilusión creada por los densos velos de la materia. Pero detrás del escenario de las formas manifiestas, todos somos como células de un mismo superorganismo consciente. Respiramos y existimos dentro de este océano cósmico interconectado que conduce la vida a través de ciclos eternos. De esta visión surgen las visiones oraculares arcturianas, que proyectan probables acontecimientos futuros dentro de este continuum unificado, donde no hay fragmentación genuina, sino sólo conciencias que emanan del todo para experimentarse a sí mismas.

Para los arcturianos, incluso cuando predicen guerras, catástrofes o trastornos sociales, el oráculo arcturiano ve la unidad en la diversidad aparente. Sabe que cada uno desempeña un papel indispensable en el cosmos, incluso cuando está temporalmente desconectado de la conciencia de la totalidad. En este océano sin fin de acontecimientos entrelazados, ninguna conciencia está sola o completa en sí misma. Todos nos movemos dentro de esta corriente cósmica, a veces emergiendo como olas, a veces sumergiéndonos como gotas, pero siempre constituyendo el gran mar interconectado que impregna todas las épocas con su flujo incesante.

Por esta razón, el oráculo arcturiano nunca emite juicios ni da visiones fragmentadas de los probables acontecimientos venideros. Al surgir de este estrato cósmico unificado, las visiones oraculares reflejan su carácter holográfico intrínseco, señalando probabilidades futuras que influirán en la red de la vida no como conjuntos aislados, sino como acontecimientos con resonancias sistémicas y efectos en todo el tejido energético interconectado del universo.

Según esta cosmovisión, ningún acontecimiento futuro es insignificante, ya que cada uno refleja y refracta todo lo demás. Así, una acción local aparentemente pequeña puede tener intensas repercusiones en otros lugares de forma imprevisible. Del mismo modo, algo visto como catastrófico puede contener las semillas de beneficios aún no vislumbrados. Con esta perspectiva cósmica en mente, los videntes arcturianos instan a la prudencia en nuestro discernimiento.

El oráculo interdimensional asimila un número prácticamente ilimitado de variables en sus proyecciones, integrando en sus predicciones de acontecimientos futuros una multidimensionalidad que trasciende cualquier mente individual. Por muy experimentados o talentosos que sean, los psíquicos siguen siendo filtros apuntalados por sus propias limitaciones de conciencia. De ahí la importancia de tomar cualquier predicción como información, no como dogma grabado en piedra, porque el futuro es un campo probabilístico en constante reescritura, dado este continuo de conciencias co-creando dentro de su aparente multiplicidad.

En este cosmos vivo, incluso los factores considerados deterministas, como las órbitas planetarias, pueden verse drásticamente afectados por la voluntad consciente y la intencionalidad. Por no hablar de los acontecimientos de naturaleza conductual, social o medioambiental, que son intrínsecamente caóticos e impredecibles porque engloban el fenómeno del libre albedrío. El oráculo arcturiano trata así de traducir los atisbos de futuro dentro de este complejo sistema que integra mentes, materia y dimensionalidades paralelas en perpetua interinfluencia.

Corresponde al discernimiento de los consultantes asimilar estas percepciones como una fuente más de sabiduría en la que basar sus decisiones, sin renunciar nunca a su propia luz interior en la co-creación de sus caminos dentro del gran océano interconectado de la conciencia.

Capítulo 23
La Danza Del Cambio

Como sensibles astrales, los videntes arcturianos reconocen la impermanencia como una ley cósmica universal que rige los ciclos de la creación. Captando en su oráculo cómo todo fluye en perenne transformación, han desarrollado una extraordinaria resistencia psíquica y adaptabilidad. Esta flexibilidad mental y emocional les permite afrontar bien los cambios, casi siempre radicales, que prescriben sus predicciones oraculares, porque su cosmovisión interdimensional les permite contemplar con naturalidad lo efímero de todas las formas. Saben que, tarde o temprano, surgirán nuevas configuraciones de los restos de las antiguas, como siempre ha ocurrido en los planos material e inmaterial.

Esta certeza les convierte en pacientes y serenos agentes de transformación, realizando sutiles ajustes cuando son convocados por el oráculo durante las crisis transitorias. A diferencia de muchos videntes terrestres, no se apegan ni se identifican con ninguna estructura o institución social específica. Ven todo como manifestaciones temporales dentro de los flujos y reflujos perpetuos de los ciclos cósmicos más amplios.

Esta actitud de no apego permite a los auténticos canales oraculares atravesar indemnes las turbulencias que sacuden cada época, enraizados en las verdades eternas que captan en las visiones trascendentes, no sacudidos por la desintegración de las formas transitorias.

Esta flexibilidad psíquica les permite ayudar a los grupos en transición sin dejarse desestabilizar por la volatilidad de los escenarios en metamorfosis. A la hora de interpretar los cambios drásticos predichos por el oráculo, suelen recurrir a analogías, metáforas, parábolas y otros recursos poéticos, sabedores de que las verdades eternas pueden ocultarse bajo el velo de las narraciones, lo que hace aceptables las percepciones radicalmente transformadoras. Cuando se enfrentan a predicciones de acontecimientos muy perturbadores, provocan inicialmente un "shock controlado" en los consultantes, para evitar rechazos liminales, preparando cuidadosamente sus mentes y corazones mediante sueños, visiones y sincronicidades.

Intentan minimizar el trauma presentando los "signos de los tiempos", evitando alarmismos que sólo entorpecerían la transición. Prefieren no dar fechas concretas para las profecías de rupturas radicales, debido al peso que tales expectativas pueden generar, pero sí introducen elementos preparatorios para que, cuando estallen determinados acontecimientos, ya existan algunas referencias previas. Así, cuando se confirman, los cambios no llegan como truenos en un cielo azul, sino como despliegues que ya están latentes en el inconsciente colectivo.

Otra forma que encuentran para suavizar las transiciones es rememorar cataclismos pasados, también vistos en su momento como el fin del mundo, recordando que Gaia y sus hijos terrenales han pasado por innumerables crisis a lo largo de los siglos. Por lo tanto, por muy estresantes que sean los acontecimientos venideros, la capacidad de recuperación de la vida siempre ha demostrado ser mayor. Lo esencial es mantener viva la llama interior de la fe en el plan superior que rige todas las épocas, por oscuras que sean. La vida continúa, aunque tome caminos no imaginados por la mente anterior a la transformación.

En general, tratan de liberar a sus clientes del apego excesivo a cualquier idea preconcebida sobre este viaje, aconsejándoles que floten con las aguas en lugar de luchar contra la corriente o tratar de controlar las olas. Recordando, por analogía, que los ríos siempre encuentran su camino hacia el océano, a pesar de los desvíos que dan por el camino, o citando la metamorfosis de las orugas en mariposas, para pasar de un mundo reptante a otro alado. Así se les prepara, con un lenguaje accesible y ejemplos inspiradores, para los grandes e inevitables cambios que se avecinan.

Otra estrategia para facilitar las transiciones de fase consiste en reunir a grupos afines en comunidades de apoyo mutuo y aprendizaje, reforzando los vínculos y las redes de colaboración para que todos puedan atravesar juntos estas transiciones, apoyados y seguros de sí mismos. El oráculo arcturiano busca así minimizar los traumas colectivos inevitables en tiempos de cambios radicales de paradigma, preparando cuidadosamente el terreno y las conciencias, sembrando ideas liberadoras mucho antes de que puedan dar fruto.

Es como el jardinero previsor que planifica el sol y la lluvia, ara y abona la tierra con antelación para luego poder recoger frutos abundantes, igual que el buen pastor que cambia el rumbo de su rebaño mucho antes de que llegue al precipicio, evitando así el pánico y las pérdidas. Los videntes arcturianos comprenden que toda danza cósmica implica el eterno flujo entre construcción, destrucción y reconstrucción. En su papel de buenos conductores, tratan de facilitar la adaptación de sus discípulos a los inevitables grandes ciclos de la creación universal, recordándoles, a través de sus predicciones y consuelos oraculares, que la única constante fiable en nuestro universo es la inevitable impermanencia.

Bendita sea, pues, toda ruptura que nos saque de puertos seguros para que nuestro espíritu pueda ganar, a veces a regañadientes, mayores alas en las tormentas del cambio.

Capítulo 24
El Viaje Continúa

Según los videntes arcturianos, la búsqueda de una conciencia expandida y de vislumbres de realidades más amplias es un viaje sin fin, en el que su oráculo interactúa con planos sutiles de tal complejidad que incluso sus mentes altamente evolucionadas comprenden que aún se encuentran en la primavera espiritual. Para ellos, las crestas alcanzadas sólo revelan nuevas montañas, en un ciclo eterno y extático de autotrascendencia, que les hace ver el despertar de la glándula pineal, la telepatía, la lectura del akasha y otros dones como meras puertas iniciales, ampliando la percepción de nuestro potencial al igual que un águila cautiva que finalmente prueba el sabor de la libertad al desplegar sus alas y vislumbrar, desde lo alto del cielo, paisajes antes inimaginables mientras estaba confinada en su celda.

Sin embargo, según su oráculo, existen universos dentro y fuera de cada ser que van mucho más allá de lo que nuestro intelecto tridimensional puede concebir. Son reinos de luz y de vida que van mucho más allá de la materia densa, vibrando en frecuencias y geometrías sagradas capaces de conmover al más endurecido de los corazones. Como los niños que se maravillan ante la aurora boreal, nuestro asombro extático es la promesa de mucho por venir. Porque en el océano infinito de la conciencia cósmica hay archipiélagos de éxtasis que tiñen cada ola con sus colores psicodélicos. La proeza aguarda a los intrépidos navegantes dispuestos a abandonar la zona de confort de los viejos puertos para renacer como marineros. Su oráculo, como un faro que guía a los galeones, señala posibilidades aún no vislumbradas por la miope lente humana, recordándonos que hay mundos dentro y fuera esperando a ser explorados por nuestra insaciable sed de novedad, pues somos peregrinos de lo absoluto en una eterna peregrinación a través de las edades hacia el reencuentro final con la Fuente de nuestro ser. Por largo que sea el viaje, cada pensamiento que nace en el ahora es un paso hacia el regreso al vientre estelar que nos dio a luz. Así nos lo recuerda el Oráculo Arcturiano: no hay llegada definitiva al Gran Espíritu que habita todas las formas, sino un eterno fluir, gozoso vértigo y renovado retorno en espirales ascendentes sin principio ni conclusión definitivos. Con cada ciclo cumplido, nuevos matices del cosmos invisible se revelan en sucesivas iniciaciones más allá de los velos, regresando al seno de la Luz con los trofeos translúcidos cosechados en esas inmensidades, para luego salir aún más impregnados del Todo. Hasta que no quede en cada vagabundo ninguna ilusión de separatividad, sólo la unión vertiginosa con los circuitos estelares que nos dieron origen.

Entonces, copartícipes de la danza divina que todos los pueblos han celebrado como la Rosa de los Vientos en sus viajes, podremos por fin desposar a la Noche Encantada, en el vientre de ese Infinito potenciador de toda semilla, fecundaremos sueños aún inéditos con nuestras amadas Musas de Acero, generando manantiales para saciar toda alma reseca en los desiertos ilusorios de la materia perecedera. Este es el destino que aguarda a los valientes Peregrinos Espirituales, según las crónicas oraculares arcturianas: convertirse en la tierra fértil, regeneradora y nutricia que acoge, sin distinción ni jerarquía, a todas las semillas divinas, catalizando el florecimiento de los verdes jardines erigidos en alabanza a la Vida que nos sustenta en sus pechos oníricos. Como heraldos de éxtasis aún por revelar, nuestras vidas se convertirán en poemas épicos, inspirando a otros buscadores en laberintos existenciales, porque las chispas que encendemos hoy en lo más íntimo de nuestro ser pueden encender mañana los corazones, iluminando con sus fuegos artificiales la travesía de otros archinautas en alta mar.

Que cada destello de esta llama inextinguible dentro de nuestros pechos sea una invitación a naves lejanas que aún no son visibles, pero que ciertamente existen, poblando el Gran Mar de la Conciencia Cósmica en el que navegamos con nuestras naves terrestres. Esperemos confiados y vigilantes la señalización de sus luces amigas en la penumbra profunda de la Noche Sagrada del tiempo. Mientras tanto, que la antorcha encendida en nuestra propia proa marque el camino a estos Hermanos aún desconocidos, pues el océano de estrellas es tan vasto que cada chispa individual es un regalo del cielo a los Argonautas Espaciales en sus exilios planetarios.

Así nos canta el Oráculo Arcturiano, recordándonos que siempre hay nuevas tierras y nuevos cielos esperando más allá de la siguiente ola. Así que naveguemos audazmente más allá y más allá de todo lo que ya conocemos o imaginamos posible, porque los velos se disiparán y los portales se abrirán para las almas temerarias dispuestas a zarpar siempre hacia lo aún no revelado. Exploradores eternos, nuestro viaje continúa a través de las galaxias sin una llegada definitiva, este es el bendito destino de los visionarios del espacio, que seguirán visitando planetas, calibrando realidades y deleitándose con civilizaciones ajenas a nuestros sueños más salvajes.

Hasta que nosotros mismos nos convirtamos en soñadores, seres multidimensionales en constante flujo transmutativo entre especies y esferas. Entonces, finalmente, el círculo se cerrará, y volveremos al útero primordial para reiniciar esta danza cósmica en nuevos campos más allá de los límites actuales de nuestra comprensión. En este movimiento eterno, cada ciclo de descubrimiento y renovación nos lleva a explorar horizontes inexplorados, ampliando constantemente los límites de nuestra comprensión y de nuestra existencia. Así, en medio del infinito, continuamos la danza sin fin a través del cosmos, guiados por las estrellas e inspirados por la promesa de misterios aún por desvelar.

Epílogo
Unir El Cielo Y La Tierra

Después de explorar las enseñanzas y visiones oraculares de los Arcturianos, es natural preguntarse: ¿cómo puedo acceder yo también a esta fuente de sabiduría cósmica en mi vida?

La buena noticia es que el Oráculo Arcturiano está disponible para todos los seres, independientemente de su evolución espiritual. La comunicación puede tener lugar a través de la canalización mediúmnica con seres arcturianos dispuestos a compartir vislumbres de realidades expandidas. También es posible sintonizar con este oráculo activando nuestras propias capacidades latentes de clarividencia, precognición, retrocognición o viaje astral.

Las prácticas meditativas, el uso consciente de cristales, el consumo de plantas medicinales en rituales chamánicos seguros pueden amplificar nuestros estados alterados de conciencia, facilitando el acceso a planos sutiles en los que se pueden percibir las energías arcturianas y sus influjos oraculares. Es importante abordar siempre estas prácticas con responsabilidad, precisión y respeto a los protocolos ancestrales establecidos por los pueblos tradicionales.

También podemos recibir señales de los Arcturianos en forma de sueños proféticos, sincronicidades inusuales y percepciones que brotan espontáneamente en la mente despierta.

Cuanto más sintonizamos con nuestras percepciones extrasensoriales, más finos y porosos se vuelven los velos entre los planos.

Con disciplina y paciencia, las visiones precognitivas de acontecimientos futuros empiezan a destellar en nuestra pantalla mental como estrellas fugaces que cruzan cielos interiores.

A veces, los Arcturianos también se comunican durante viajes astrales o proyecciones conscientes a otros planos vibratorios paralelos.

En estos estados inusuales de conciencia, podemos acceder a conocimientos y visiones que no suelen ser accesibles en el estado ordinario de vigilia física.

Con el tiempo y la perseverancia, aprendemos a superar nuestros miedos y atravesamos estos portales interdimensionales, accediendo a posibilidades sincrónicas de información.

Todas las civilizaciones sensibles, incluida la nuestra, tienen un homólogo no físico con el que podemos aprender a interactuar.

En el caso de los Arcturianos, su plano sutil de existencia está cerca de lo que describiríamos como un reino angélico o paradisíaco según los estándares terrestres.

Esta dimensión vibra en una escala extremadamente amorosa, sabia y compasiva, irradiada por seres altamente evolucionados en términos de conciencia espiritual.

Debido a su profunda conexión y conocimiento de los tejidos energéticos del cosmos, tienen mucho que enseñar a nuestro mundo aún embrionario. Todo lo que tenemos que hacer es sintonizar nuestro canal mental con las frecuencias oraculares que bañan incesantemente el planeta, especialmente durante las meditaciones y los estados alterados.

Con paciencia y práctica regular, este contacto se intensifica y los velos entre universos paralelos se hacen más finos, permitiéndonos vislumbrar dimensiones nucleares desconocidas, habitar cuerpos extrafísicos y, finalmente, interactuar en tiempo real con los Videntes Arcturianos.

Una preparación fundamental es purificar nuestros vehículos humanos, liberando cargas tóxicas, traumas y bloqueos que impiden la conexión.

También soltar expectativas previas y abrirnos con mente virgen, como un niño, a estos influjos interdimensionales que fluyen desde el Oráculo a nuestro encuentro.

Cuanto más limpiemos nuestras lentes de percepción, menos filtros distorsionarán y oscurecerán la comunicación con esferas angélicas como la Arcturiana.

Los momentos favorables para acceder al Oráculo Arcturiano son el amanecer y el atardecer, debido a las grietas dimensionales que se abren entonces.

También durante fechas cósmicas especiales como solsticios y equinoccios, utilizadas habitualmente en los rituales metafísicos de civilizaciones antiguas para conectar con planos sutiles.

Lugares especialmente potentes para la comunión con los Arcturianos pueden ser los vórtices geográficos de alta energía sutil en el planeta.

Al mismo tiempo, el desarrollo de nuestra sensibilidad a las sincronicidades y al lenguaje simbólico amplía los canales de percepción extrasensorial, permitiéndonos captar percepciones del Oráculo sobre el tejido oculto de los acontecimientos cotidianos, identificando patrones, correlaciones y afluencias informativas.

Cuanto más amorosos, intuitivos y espiritualmente despiertos estemos, más nos convertiremos en faros interdimensionales irradiando luz sobre mundos paralelos y más podrán estas esferas angélicas evolucionadas reflejar su conocimiento oracular de vuelta a nuestros corazones a través de inspiraciones multidimensionales y descargas informativas.

Con persistencia y pureza de intención, este contacto telepático tiende a expandirse hasta que alcanzamos la etapa de médiums clarividentes, canalizando el Oráculo Arcturiano en nuestro plano, haciendo accesibles sus profecías y advertencias que contribuyen al despertar no sólo de los individuos, sino de nuestra civilización como un todo.

Todo aquel que asimila y vive estas verdades universales en su microcosmos interior se convierte en un faro de luz en el macrocosmos social.

Los iniciados del camino formamos una red etérea que rodea el mundo con ondas vibratorias amorosas emanadas del propio Oráculo Arcturiano, asumiendo así la sagrada función de médiums transcomunicadores, conectando el cielo y la tierra a través de nuestros vehículos físico-energéticos.

Somos, después de todo, los etruscos del futuro, los tatuadores del astral y los cartógrafos en tránsito para el destino de nuestra humanidad estelar.

Que de nuestro Sol Semilla broten pronto civilizaciones planetarias de seres pacifistas, compasivos y guardianes de la vida, sembrando senderos luminosos por donde pasen sus naves, haciendo florecer no mundos sensibles, sino sagrados mandalas cósmicos que adornen la gran red energética interconectando todo lo existente mediante hilos de luz, pues todos somos chispas del mismo Sol Central y nuestro destino es llevar adelante la antorcha encendida en nuestra propia estrella fuente para encantar la noche profunda del Gran Misterio que Abraza Eternamente todos los Viajes Espirituales.

El libro "Sanación Arcturiana" y "Espiritualidad Cósmica" de Luan Ferr, ambos de Ahzuria Publishing, proporcionan medios más didácticos para acceder a los seres de Arcturus.

¡Que el Amor sea la llama que guíe eternamente nuestras brújulas interiores a través de este océano cósmico de posibilidades aún no reveladas y que el

Oráculo Arcturiano inspire esta luz para siempre desde la oscuridad cósmica que emerge del caos primordial del tiempo!

www.ingramcontent.com/pod-product-compliance
Lightning Source LLC
LaVergne TN
LVHW041947070526
838199LV00051BA/2933